脳が勝手に記憶する

ユダヤ式
英語
勉強法

ユダヤ英語コーチ
加藤直志

サンマーク出版

Memory is the space in which a thing happens for a second time.

「記憶とは物事が2度目に起きる場所である」

ポール・オースター（ユダヤ系アメリカ人、作家）

はじめに

「記憶の民」の最終奥義はこのページでマスターできる！

いきなりですが、こっそりでいいので上半身を少し前後に揺すってみてくれませんか（周りに人がいる場合はバレないように小さく）？

そしてできれば、そのまま口を少しパクパクさせてください（人がいないなら、ぜひ揺れながら、ここからの文章を読んでみてください！）。

……

はい、これにて終了！　あなたは「記憶の民」といわれているユダヤ人たちの「究極の記憶法」をマスターすることができました！

「え、どういうこと？」「なんだ、記憶の民って？」「これのどこが究極の記憶法なんだ？」あまりにも突然のことで、いろいろ困惑されることがありそうですね。

その疑問はこれから少しずつ解決していくとして、実際あなたは最初の4行で、ユダヤ人たちの5000年の歴史の中で培われた究極の記憶法をもうモノにしています（たとえその実感がなくても！）。

なぜなら、**ユダヤ人の究極の記憶法とは、「体をキツツキのように揺らしながら、口を動かしてつぶやくこと」**にほかならないからです。

実際、彼らはそうやって1000ページ以上もあるとされる聖書の中の「トーラー」と呼ばれる部分を全文記憶しています。3、4歳から体をゆらゆらさせながら、ブツブツブツブツ聖書をつぶやく……すると、いつの間にか「トーラー」がそらんじられるようになっているのです！

なんとなく、声に出して勉強することは記憶に残すには良さそうですよね。事実、「勉強には音読が効果的」とはよくいわれていることです（まだまだ浸透はしていないようですが）。

ではなぜ、彼らは記憶する際に体をキツツキのように揺らしはじめたのでしょうか。

聖書を覚えるときに落ち着きなく、体を前後させる理由、それは……

「聖書の数が足りなかったから」、ただそれだけです。

その昔、奴隷として扱われたり、ひどい迫害を受けたりしてきたユダヤ人。そんな中でも、敬虔《けいけん》な彼らは聖書から知恵を学ぶことを決して欠かそうとはしませんでした。「こんな状況だからこそ、聖書の知恵を借りる」、あとでもお話ししますが、どんな苦境にも屈しない精神がユダヤ人にはそなわっていたのです。

とはいえ、状況が状況です。虐げられるわけですから、聖書は当然燃やされたり捨てられたりします。そのため、聖書の数は慢性的に不足しがち。それに、ほしいものがほしいだけ手に入る時代でもありません。そんなときに彼らが考え出したのが、「一冊の本でみんなが学ぶ」という方法でした。

想像してみてください。みんなで一冊の本を読もうとすると、前にいる人は後ろの人を気遣って身をかがめたり、頭を前後左右に振ったりしなければなりませんよね。

このときのユダヤ人たちもまさに同じで、聖書を読んでいる1人の後ろから大勢の人がのぞき込んでまたそれを読むといったような状況だったようです。身をかがめたり首をかたむけたりしながら聖書を読む、読み終わって上体を起こすと別の人がそこに来てまた身をかがめながら……これが何度も何度も続くわけです。すると、本当は1人で勉強したほうがはかどるはずなのに、なぜだかさっき読んだ文章が記憶から離れない。「ひょっとしてこれは画期的な暗記法なのでは！」ということになって代々受け継がれ、さらには「体を揺らすことで体温が上がり、血行が良くなる」というメリットにも気づき、現在のようにユダヤ人一般にこの記憶法が広まっていったというわけです。

だから、今日でもユダヤ人たちは体を揺らしながら（動かしながら）、そしてつぶやきながら勉強しています。

「なんだかばかばかしい」「恥ずかしくてできない」と思われるかもしれませんが、実際彼らはそのやり方で「トーラー」を脳に記憶させています。さらにこれからお伝えするユダヤ人たちの活躍ぶりを知れば、きっとその効果をすぐにでも確かめてみたくなるでしょう。

ユダヤ人に学べば英語は必ず上達する

ところで、「ユダヤ人」と聞いてみなさんどのようなイメージを思い浮かべますか？

なんとなく頭が良さそう、お金をたくさん持っている、幾度となく迫害されてきた悲しい歴史を背負っている……。

いろいろな声が聞こえてきそうですが、「詳しくはよくわからない」という人も多いのではないでしょうか。

昨今、「ユダヤ人に学ぶ思考術」といったようなユダヤ関連の本が多数出版されていることも手伝って、「ユダヤ人＝賢い」というイメージもかなり浸透してきたように思います。実際、多くのユダヤ人が世界中で活躍していて、ユダヤ人のノーベル賞受賞者の比率は群を抜いて高く、医者や弁護士といった職業に就く人が多いという事実もあります。世界の長者番付を見てもユダヤ人が上位を占めているケースは多く、ユダヤ人のほかにこんな民族は見当たりません。

そして見逃されがちなのが、**世界のトップとして活躍できるくらい、じつはユダヤ人は数ヶ国語を自由自在に操れる民族である**ということ。

日本語しか話せず、「英語がもっとうまくなりたい！」と多くの日本人が悩んでいる現状を考えると、これほどまでに対照的な実態には驚かざるをえません。

それではなぜ、ユダヤ人たちはそれほどまでに語学習得能力に長《た》けているのか？

じつはここに先ほども登場した、ユダヤ人たちが5000年を超える歴史の中で編み出した「体を揺らしながらつぶやく」という秘密が存在しているのです。

本書のタイトルは『脳が勝手に記憶するユダヤ式英語勉強法』ですが、わたしはユダヤ人でもなければ、ヘブライ語の研究者でもありません。ユダヤオタクの英語コーチです。この本で紹介する「ユダヤ式英語勉強法」は、そんなわたしがアメリカやイスラエルに住むユダヤ人の話を参考にしながら日本人向けの英語勉強法としてアレンジしたものになります。

現在、わたしは英語コーチとして活動していますが、この「ユダヤ式英語勉強法」を通じてこれまで1万8000人以上の方におもにインターネットを通じて英語を指導してきました。そしておかげさまで本当に多くの方から「英語で人生が変わった！」「嫌いだった英語が大好きになった！」というお声をもらっています。受験生の英語指導では、英語が「嫌い」から「好き」に、「苦手」から「得意」に変わって、最難関の第一志望校に合格する生徒さんが続出。さらには、英語がまったく話せなかったのに、今では仕事に使えるレベルにまで達している、そんな人もたくさんいらっしゃいます。

なぜユダヤ人でもないわたしが、そんな「ユダヤ式英語勉強法」を生み出せたのか。そのきっかけは高校時代にさかのぼります。

今でこそ英語を生徒さんに指導していますが、じつは高校まで英語が大の苦手。とくに単語が本当に覚えられなくて、「自分には記憶力がまったくないのでは」と真剣に悩んでいました。

そんなとき、たまたまユダヤ人のジョークばかりを集めた一冊の本と出会い、先に挙げたようなユダヤ人たちの世界での活躍を知ったのです。

どんなに勉強しても英語をモノにできないことに悩んでいましたから、「ユダヤの秘訣《ひけつ》に頼れば、ひょっとしたら自分の頭も良くなるかも」と淡い期待を抱き、以来「ユダヤ」と書いてある書籍に片っ端から目を通しました。

そして、ついに面白い学習方法を見つけました。それこそ、ユダヤ人が5000年の歴史の中で試行錯誤を重ねた結果たどり着いた究極の勉強法、つまり「**体を揺らしてつぶやくことで、脳に記憶させる**」メソッドだったのです。

その事実を確かめるべく、高校卒業後、アメリカでユダヤ人が多く通っていたニューヨーク州立大学へ進学しました。そしてこの勉強法をもとにユダヤ人の教授や学生とともに学んでいく中で、英語を確実に自分のモノにすることができたのです。英語がまったくわからなかったのにもかかわらず、彼らの方法を見よう見まねで勉強した途端に英語が話せるようになった。この経験から、**「ユダヤ式勉強法でこそ英語は確実に上達する！」**と確信するにいたりました。

わたし自身高校までは英語が本当に苦手だったので、「がんばっているのに英語が上達しない」人の気持ちは痛いほどよくわかります。けれども安心してください。**「ユダヤ式英語勉強法」を実践すれば、英語を自在に操ることができる**ようになります。

誰でも、絶対に英語をモノにできる。ユダヤ式英語勉強法がそんな「まさか」を「現実」に変えてくれることを、今ここでお約束します。

「ユダヤ式英語勉強法」で誰でも英語が話せるようになる！

「つぶやく」という言葉がひっかかった人もいるかもしれませんね。「つぶやく」ことにどれだけメリットがあるのか、甚だ疑問——そう感じても無理はありません。

「つぶやくだけで英語が話せるようになるなんてありえない」
「そんなにうまくいくなんて信じられない」
「それだけで上達するのなら苦労しない」

事実、この本に書いてあるメソッドの一部をまねてただやみくもにつぶやくだけでは、じつは大した効果は得られません。でも、**つぶやき方次第では、英語であなたの人生を変えることもできる**のです。

多くの人が中学・高校と少なくとも6年間、英語に触れてきたはずです。しかし、どんなに一生懸命文法を勉強したり単語を覚えたりしても、一向に英語を自由に操れるようにはならない。なぜならそれは、ずれた勉強法のもとで長年努力してきたからであり、だから英語を話せるようにならないという現実があるのです。英語がとっさに口から出てこなかったり、英語が苦手だったりしたのはあなたに問題があったからでは決してありません。本当に効果がある英語の勉強方法を今まで教わってこなかっただけなのです。

「英語をどのように勉強すれば、一番効果があると思いますか？」と聞かれれば、単語帳を開いてとにかく単語を覚えることや、英語の音声をとにかく大量に聞くこと、英文をひたすら書き写すことなどが真っ先に挙がりそうですが、わたしはまず「つぶやくこと」だと断言します。ただしそれだけでは不十分。**「体を動かしながら」という要素が加わって、初めて超効果的な「ユダヤ式英語勉強法」が完成する**のです。

そうやって動きを取り入れながらつぶやくだけで、英語は読めるようになりますし、書けるようになります。もちろん聞けるようにだって、そして話せるようにもなるのです。

《学ぶ（ミシュナ）というのは、繰り返し朗読をし、繰り返し書き写し、そして繰り返し考えることである》というユダヤの格言があります。わたし自身ユダヤ関連の本を読みあさり、そして彼らとともに机を並べて学んだことからも、**音読と反復による暗記練習が英語を身につけるうえでは最大のポイント**だと確信しています。

体を動かしながらつぶやかなければ、いつまでたっても英語は上達しません。

逆にいえば、そうやって**つぶやきさえすれば、誰でも英語を自由自在に操ることが**

できるようになるのです。

まずは、リラックスできる場所や時間で「つぶやいて」英語を学んでみてください。そしてもし可能ならば、体を動かしながらつぶやいてみてください。少しずつ、短く、そして丁寧につぶやく。これを正しい手順でおこなうのです。そうすると、あなたの集中力や理解力、記憶力のせいにすることなく英語を自分のペースで身につけることができます。

「体を動かしてつぶやく」だけで、英語は必ずモノにできる。なぜならば、単純なリズム運動が加わることで、英語が脳に勝手に定着してくれるから。いうならば、**「単純なリズム運動」と「つぶやくこと」が英語にとってはもっとも大切**なのです。

本書ではそんな、つぶやきながら英語力を超効率的に高める「ユダヤ式英語勉強法」をお伝えしていきます。

英語が必ずモノになる「ユダヤ人の考え方」

本書を読み進めるにあたって、「がんばって勉強したのに、英語が全然上達しない」

という人に、事前に必ず理解してもらいたいことが一つあります。

それは、**英語学習においては「学び方」よりも「考え方（マインド）」のほうが大切**だということ。

英語の勉強法自体はこれまでにも斬新な方法があったかと思います。でもそれが「再現できない」「自分には合わない」「継続できない」となった場合、それはその人の意識や精神面（考え方＝マインド）に問題があるといえるのです。

本当に大事なのは、あなた自身が内側から変わるということ。あなたの学習に対する意識や考え方を変えずしては、どんな勉強法を実施しても効果は薄いでしょう。そう聞くとなんだか仰々しく感じるかもしれませんが、ご安心を。**「ユダヤ式勉強法」なら、学びながら意識を変えられる**ことをお約束します。

正しいマインドを身につけて、そのうえでノウハウを実施すればいいのです。そうすれば必ず英語は身につきます。

本書は英語をわかりやすく「学ぶ」だけの本ではありません。実践の場で英語が使えるようになる「考え方」を、ユダヤ人の勉強法を通じて身につける本です。小手先のテクニックを学ぶだけでは、結果を出すことはできません。つまり、ノウハウを学ぶだけでは不十分なのです。

ご存じの通り、ユダヤ人は何度も苦境に立たされ、迫害と耐忍の歴史を送ってきました。あらゆる危機に直面しては考え、逃れ、生き延びてきた中で育まれた知恵はきっと現代日本人の「考え方」を変え、英語を身につけられるだけでなく、人生をも大きく前進させてくれるでしょう。これまでの勉強法と比べながら、こんなに斬新な勉強法が5000年前に確立されていたことに思いをはせて本書を読み進めていただければ、と思います。


ここで本書の流れを説明したいと思います。

まず第1章では、外国語を学ぶことがユダヤ人にとってどのような意味を持つのかを解き明かしながら、ユダヤ人が言語習得を得意としている理由を解説していきます。

そして「ユダヤ式英語勉強法」の5つの基本を解説するのが第2章。この章を通じて、ユダヤ人の学習に対する考え方の中でももっとも大切な5つのエッセンスを身につけることができます。

第3章以降はユダヤ人の「つぶやき」による記憶法を使った単語、文法、リスニング、リーディング、スピーキング、ライティングの分野別の勉強法について。さらにどうやって勉強すれば資格試験の点数と英語力、同時に上げられるのかということについても解説していきます。

最後に終章として、それまでお伝えした「ユダヤ式英語勉強法」が無理なく継続できるようになる、５０００年の歴史の中で洗練された「学びのスピードが加速する3つの教え」をお伝えします。

「ユダヤ式」と聞くとどこかミステリアスな感じを受けるかもしれませんが、一言でいえば「体を動かしながら英語をつぶやく」だけということ。

英語はゆらゆら体を動かしながらつぶやけば、絶対身につきます。

そしてそんな**「ユダヤ式英語勉強法」を実践すれば、どんなにがんばっても英語が身につかなかった「英語が話せない人生」にもサヨナラできる**のです。

《楽しんで学んだ勉強だけが、よく身につく》というユダヤの格言通り、机に向かう必要すらなく、歩きながら、体でリズムをとりながら、満員電車に揺られながら……そんな「ながら勉強」で英語をモノにでき、かつ人生も変えられる。本書を読み進めていくと、そんな魔法のようなメソッドに出会うことができるでしょう。

脳が勝手に記憶するユダヤ式英語勉強法　目次

はじめに 2
■「記憶の民」の最終奥義はこのページでマスターできる！ 2
■ユダヤ人に学べば英語は必ず上達する 5
■「ユダヤ式英語勉強法」で誰でも英語が話せるようになる！ 9
■英語が必ずモノになる「ユダヤ人の考え方」 12

第1章

なぜユダヤ人は言語習得が世界一得意なのか

■英語も日本語もヘブライ語もペラペラなユダヤ人 26
■ユダヤ人って結局何者？ 29
■どうしてユダヤ人は世界でも群を抜いて賢いのか 32
■5000年の歴史の中で大切にしてきたもの 35
■「財産が取り上げられても教育だけは誰にも奪うことはできない」 37
■英語は「どうやって」暗記すればいい？ 40

第2章

ユダヤ人だけがやっている英語勉強法　5つの基礎

■繰り返しこそが「記憶の民」の知恵を形作っている 42
■「落ち着きなく」勉強するから記憶に残る！ 43
■英語は2人で学べば効果も2倍！ 46
■ユダヤ人の勉強法が日本人の英語学習に役立つこれだけの理由 48
■「ユダヤ式勉強法」のエッセンスが詰まった5つの考え方とは？ 56
1 とにかくワクワクすることから始める 58
■英語初体験のときの気持ちを思い出す 58
■自分の英語レベルへのこだわりを捨てる 60
■表現そのものを「つぶやきながら」味わう 62
2 体を動かしたり、歩いたりしてリズムをつけて学ぶ 65
■体の動かし方にルールなんてない！ 65
■英語だからこそ「ながら」勉強でうまくいく 66
3 声に出して、つぶやきながら学ぶ 69

■「つぶやき」で脳の記憶を厚くする 69
■新しい発見は「自分の声の中」にある 71
4 最高の「つぶやき」環境を調える 73
■気が散るときは「勉強するな！」 73
■集中力の限界に一度挑戦してみる 74
■英語が身につく環境は「気分」で選ぶ 76
5 反復練習や復習をすぐにおこなう 77
■「すぐの繰り返し」「すぐの復習」が英語定着のカギ 77
■ときには立ち止まって「わかっていない」ところを見つけてみる 79

第3章

ユダヤ式単語力アップ勉強法

5000年分の超記憶法！

■「学んだことを考える者は簡単には忘れない」 82
■単語との「一語一会」を大切にする 84
■「翻訳癖」をなくす英語のつぶやき方 88
■英語の辞書は「イラスト版」がベスト！ 92

第4章

ユダヤ式英文法勉強法

文法こそ声に出して学ぶもの！

■馴染みのある単語の「仲間」をつぶやいて増やす 96
■単語は「パーツ」に分解してつぶやきなさい！ 100
■英文法はアウトプットしてナンボ！ 108
■「知っている文法知識」を「使える知識」にユダヤ式でアップデートする 110
■例文のモノマネを究める 116
■「文法の放置プレイ」厳禁！ 118

第5章

ユダヤ式リスニング力アップ勉強法

日本は英語耳を鍛える天国！

■「なぜ口は1つなのに、耳は2つあるのか」 128
■洋楽でリスニング力は鍛えられる？ 129
■電車のアナウンスで英語耳トレーニング 141
■聴こえたことをそのまま口に出して書く「ユダヤ式ディクテーション」 145

■相手の話は2倍の意識で聴く 151
■海外では耳をこう鍛える！　超実践的英語耳トレ 155

第6章
ユダヤ式リーディング力アップ勉強法
「読んでるときのわからない」をなくす！

■読んだらもう忘れない！　ユダヤ人の文章の読み方とは 160
■ダニエルから教わった「指差し音読法」【精読】 161
■英文には線を引かずにつぶやけ！「フレーズリーディング法」【速読】 166
■段落ごとにキーワードをつぶやけば読めるし忘れない！ 171

第7章
ユダヤ式スピーキング力アップ勉強法
英語が伝わる超シンプル術

■ユダヤ人は超おしゃべりで超伝え上手 178
■「偉人のスピーチ」より「よくある話」のほうがグレイト！ 180
■とにかく「シンプル」に伝えたもの勝ち 187
■気まずい空気は「パラフレーズ」で脱出する！ 190

第8章

ユダヤ式ライティング力アップ勉強法

つぶやけば書ける、書ければ話せる

■独り言をつぶやいて「英語の壁当て」をする 194
■英語で「話させる」スキルを磨く 199
■エレベーターで自己紹介するとしたら？ 204
■ユダヤ人が会話に必ず添えるもの 212
■ライティングは1人でできる超便利英語アウトプット術！ 220
■アウトプットは「質」より「量」よりまず「スピード」 223
■ライティングの屍は「honor」となる 229
■ライティングは金に糸目をつけるな！ 233
■つぶやいて「ライティングモノマネ」を究める 238

第9章

ユダヤ式「資格試験」勉強法

ただ点数を上げるだけなんてもったいない！

■英語のペーパードライバーにならないために 242

■「つぶやき英検」で底上げを図る 243
■TOEIC®テストをつぶやけば知識も知恵も同時に身につく 247
■スピーキングテストで得する人は「合格する人」？「失敗する人」？ 252

終章

脳の「学びスイッチ」を押すユダヤの3つの教え

■学びのスピードが加速する3つのユダヤの教えとは 256
1「40歳からでも聖者になれる」 257
2「週1回の安息日に学びなさい」 259
3「できない理由は探さなくていい」 261

おわりに 263

装丁・本文デザイン　小口翔平＋岩永香穂（tobufune）
本文DTP　天龍社
カバー写真　アフロ
編集協力　株式会社ぷれす
編集　梅田直希（サンマーク出版）

第1章

なぜユダヤ人は言語習得が世界一得意なのか

英語も日本語もヘブライ語もペラペラなユダヤ人

「こんにちは～。そこのお兄～さん。ちょっと見ていかない？」

あるとき、都会の街角で怪しい外国人男性の露天商にわたしはそう日本語で話しかけられました。

「この人、男性なのにオカマみたいな話し方をするなぁ。っていうか、この外国人、日本語メチャクチャうまいなぁ」

と思いながら、底抜けに陽気な様子と押しの強そうな雰囲気に負けて、わたしは彼の売っていたアクセサリーをおもむろに見ました。すると、

「僕の名前はダニエル、世界中を旅しているんだ」

と聞いてもいないのに、その外国人男性は一方的に自己紹介をしてきたのです。

当時、わたしは英語を学んでいたので、外国人を街で見かけたら英語で話しかけてみたいなと思っていました。なので、「これはいい機会だ」と、思いきって覚えたての英語を使って話しかけてみることにしたのです。

「**Where are you from?**（どこ出身ですか）」

と英語で質問をしたのですが、

「イスラエルです」

とあっさり日本語で返されてしまいました……。


はじめこそダニエルは日本語でそう答えたものの、わたしが英語で質問したので、その後は英語で話すようになりました。

「いやぁ、日本語も上手ですが、英語もすごいですね」とわたしが驚いて言うと、ダニエルはうれしそうに、

「英語はもちろん、日本語、中国語、フランス語、アラビア語、あとはヘブライ語も話すよ」と答えたので、英語すらままならないわたしには、複数の外国語を話せる彼がすごく羨ましかった。当時、わたしは英語を学べど学べど簡単な挨拶ができる程度、それ以上はまったく身につかないという状態で、どうしたら英語がペラペラに話せるようになるのだろうと悩みに悩んでいたからです。

「ヘブライ語を話すということは、ユダヤ人か……。本で知ったユダヤ人像とは随分と印象が違うな」

これが人生で初めてユダヤ人と話をしたときの素直な感想です。本で読んでいたときの印象はどちらかというと「近寄りがたく、選民意識の塊で排他的」というものだったのですが、目の前にいるダニエルは積極的に日本語を話し、日本人と仲良くしようとしていて、まさに陽気そのもの。

わたしはすっかりこの面白い露天商に興味を持ち、しばらく会話することにしました。

すると彼は、イスラエルで軍役を終えたのち、行く国々で外国語を覚えながら世界中を旅しているとのこと。

日本を一度も出たことがなかった当時のわたしは、彼の自由なライフスタイルからイスラエルという国に興味を持ち、彼のような明るくて陽気なユダヤ人について「もっともっと知りたい」と思いました。この思いから、イスラエルやユダヤに関する本を改めてむさぼるように読んだのでした。

その後、何回もダニエルを見かけたのですが、彼はいつも通り過ぎる人に日本語で話しかけるか、ゴニョゴニョとメモを見ながらつぶやいたり、何かの本をひたすら音読したりしています。それも立ったり座ったり、とにかくじっとしていません。

「どうしてずっと、落ち着きなくブツブツとつぶやいているのだろう」と、当時のわたしは不思議に思っていたのですが、じつはそれがユダヤ人に伝わる外国語勉強法だったのです。

前置きが長くなってすみません。

都会の街中で偶然出会ったイスラエルから来たユダヤ人のダニエルですが、あとで考えるととてつもなく低い確率で彼に会ったのでした。

ユダヤ人って結局何者？

というのも、みなさんはユダヤ人が世界にどのくらい住んでいるかご存じでしょうか？

もしくは今までにユダヤ人の方と会ったことがありますか？

あまり知られていませんが、世界には約１４２１万人のユダヤ人がいて、その大半にあたる約１１８０万人がイスラエルとアメリカにそれぞれ約６００万人ずつ住んでいます。

イスラエルの人口のうち約74%がユダヤ人で、アメリカでは人口の約2%がユダヤ人です。

う〜ん、多いか少ないかまだまだピンと来ないですね。それでは東京都の人口と比べてみましょう。

東京都には約1339万人（2014年）住んでいますので、東京都の人口より少し多いぐらいのユダヤ人が世界中に住んでいることになります。

人口で見ればユダヤ人は世界のわずか0・2%の存在でしかありません（Berman Jewish DataBank調べ）。しかし、そんな0・2%の人たちが、世界中に計り知れない大きな影響を与えつづけているのです。

たとえばノーベル賞。ユダヤ人の歴代受賞者はどのくらいいると思いますか？

ちなみに2015年までに、延べ874名の人がノーベル賞を受賞しています。

そのうちなんと、**ユダヤ人の受賞者は194名**もいるのです。日本人のノーベル賞の受賞者はこれまで24名ですので、ユダヤ人の人口が日本人の10分の1ほどしかないことを考えると、いかにノーベル賞を受賞したユダヤ人が多いかわかるでしょう。

ノーベル賞の各分野で見ると、経済で38%、医学・生理学で26%、物理で26%、化学で21％、文学で13％、平和部門で9％の受賞者がユダヤ人ということになります（JINFO.ORG調べ）。分野、年代を問わず、ユダヤ人は歴史的な偉業をたくさん達成してきたのです。

これらのことからユダヤ人がものすごい存在だというのがわかっていただけたと思います。

いやいや、それだけではありません。

アメリカ最大の週刊ニュース誌「U.S. News & World Report」が選んだ「20世紀の3偉人」がアインシュタイン、フロイト、マルクスの3人とされましたが、驚くことにこの3人のいずれもがユダヤ人でした。

ほかの著名なユダヤ人も一部紹介しましょう。意外な人がユダヤ人だったりします。

ニコラ・サルコジ（前フランス大統領）、チェ・ゲバラ（キューバ革命家）、バルーフ・スピノザ（哲学者）、フランツ・カフカ（作家）、スティーブン・スピルバーグ（映画監督）、ハリソン・フォード（映画俳優）、ビリー・ジョエル（歌手）、ラリー・ペイジとセルゲイ・ブリン（Google創業者）、マーク・ザッカーバーグ（Facebook創業者）……

と挙げればきりがないほど、才能豊かな人が様々な分野で活躍をしてきました。

これらの著名人は国籍がそれぞれ違っても、全員ユダヤの血を引いています。

また、世界中で活躍していることからもわかる通り、語学が堪能なユダヤ人も多く、映画『レオン』のマチルダ役や『ブラック・スワン』でアカデミー賞主演女優賞を受賞したナタリー・ポートマンはイスラエル出身のユダヤ人で、ヘブライ語と英語、フランス語、ドイツ語、アラビア語、そして日本語を話すと聞きます。しかも彼女はアメリカの名門、ハーバード大学を卒業しているのです！

このように**ユダヤ人は、少数なのにノーベル賞をどの民族よりも多く受賞し、語学堪能で、才能溢《あふ》れる人材をたくさん輩出する人たち**なのです。

ではなぜ少数派のユダヤ人にこのようなことが可能になったのでしょうか。

どうしてユダヤ人は世界でも群を抜いて賢いのか

イスラエルに住む語学堪能なユダヤ人の知人に、以前「なぜそんなに上手に英語を

話せるの？」と聞いたことがあります。すると、

「特別な方法が何かと聞かれたら困るけれど、ユダヤ人であるということが英語学習の大きなベースになっているかもしれないね」

と答えたのが印象的でした。

なぜユダヤ人は賢くて、語学が堪能なのか……。

これはわたしが今までいろいろなユダヤ人の考えを本で読み、さらに直接話を聞いてきたことからいえることですが、その秘密は「**ユダヤの教え**」と「**迫害の歴史**」にあると思います。

彼らは、小さいころからユダヤ人に伝わる教えと自分たちの迫害されつづけた歴史を家庭や学校で繰り返し学んでいます。そして、それをよく議論することによって知力の基礎をつくっているのです。

《つねにもっと不幸があると思いなさい》というユダヤの格言の通り、彼らは自分たち民族の不幸を冷静に見るように訓練されています。迫害の歴史によって世界中に離散したこともユダヤ人のサバイバル精神をより高めているのですが、それゆえにユダヤ人はわかりやすく情報を伝えることに重点を置くようになったのです。

日本人は言葉を濁したり、相手は知っているだろうと勝手な解釈を加えたりしてしまいますが、ユダヤ人はつねにわかりやすく説明できる用意をしています。難解な言葉で説明せず、物事をシンプルに理解して簡潔に伝え、お互いを深く理解することを重要視しているのです。

事実、イスラエル人知人のメイによると、ユダヤ人が学校で何かを教えるときは、事実や事柄のみを伝えるのではなく、なぜそうなるのか、それによってどのような効果があるのかまで相手の理解度に合わせて省略せず徹底的に教えるそうです。少しでも疑問点があるとすぐ生徒は質問をしてきますが、これもユダヤ人の学校や家庭では質問が推奨されているから。

これは英語の授業でも同じで、日本のように「**but**は『しかし』という意味です。この表現を覚えなさい」という授業は成立しません。「**but**という表現には『それまでの話の流れを逆にすることで、自分の本当の意見を述べることができる』という効果があります。ほかにも**however**という単語がありますが、この単語は**but**と使い方が異なります。それらはこう使い分けます……」というように単に一つの単語とその意味だけではなく、理由づけやその使い方、さらに周辺知識までをきちんと、言葉を濁したり省略したりせずに教えるのです。わたしたち日本人からすると、「そんな教え方、理屈っぽくってまどろっこしい」といった印象すら感じます。

では、なぜそのように教える必要があるのでしょうか？

「優秀」とされているユダヤ人たちですが、彼らは生まれたときから優秀なわけではありません。徹底した「教育」があるからこそ知恵を磨いていくことができるのです。

そしてこのユダヤ人の教育は、対話と議論を通じておこなわれていきます。

5000年の歴史の中で大切にしてきたもの

ユダヤ人は古代から、何よりも教育を重視してきました。彼らの歴史は長く、5000年もの歴史がありますが、そのうち2000年にもわたって各地に分散して生きてきました。子どもたちに初等教育を施す「義務教育」を最初に制度化したのもユダヤ人ですし、3000年前から学校があり、1948年のイスラエル建国の30年前にエルサレム・ヘブライ大学が設立されたことからも、いかにユダヤ人が教育を大切にしてきたかがわかります。

彼らは5歳から「イェシーバー」と呼ばれる学塾や家庭で、読み書きを習いはじめます。そして小さいころから徹底してユダヤの経典を学ばされるのですが、これは年齢的に早すぎるということは決してありません。3歳から読み書きや簡単な文学を習い、4歳から聖書の中でも「トーラー」と呼ばれる「モーセ五書」（創世記、出エジプト記、レビ記、民数記、申命記）の暗記や全30巻にわたるユダヤの経典「タルムード」などを学ぶそうです。これらには律法、歴史、哲学、医学といった民族5000年の知恵がぎっしりと詰まっていて、それらの知識を自らの血肉とすることで、真のユダヤ人になれる。そして、そのためには小さいころから教えに触れる必要がある。こうした理由でユダヤ人たちは早期教育を実践しているのだといえます。

また、学ぶためには文字が読めないといけません。文字を学ぶためには学校が必要だったから、世界のどこよりも早く「義務教育」という制度を確立させたのでしょう。

とくに興味深いことに、ユダヤ人は小さいころから両親とともに祈禱書《きとうしょ》などを読み、暗記することで、後述するユダヤ人独特の暗記方法を身につけていきます。ユダヤ人は家庭教育に熱心で、アメリカ英語の表現で **Jewish mother**「教育ママ」という言葉があるほどです。このことからもユダヤ人と学びが日常的に強く結びついていることがうかがい知れます。

「日本人」であるわたしたちには不思議な感覚かもしれませんが、ユダヤ人には「ユダヤ人の国」というものがずっと存在しませんでした。昔は「ユダ王国」などのユダヤ人の国があったのですが、争いによって国は滅んでしまいました。国が滅んだユダヤ人にとっては、ユダヤ教の経典である聖書「トーラー」と「タルムード」などが祖国であり、心の拠《よ》り所です。それらを教えられることによって幼いころからユダヤに伝わる戒律や慣習、祭日について学びながら育ち、その中で自然と自分たちがユダヤ人であることを意識するようになります。

ユダヤ教の経典や戒律の解釈に関して、それぞれの意見を議論し合う、これもまたユダヤ人の生活の一部です（ユダヤ人は本当にどこでも議論を始めます）。そういった背景を知れば、雄弁な弁護士にユダヤ人が多いのもうなずけます。

「財産が取り上げられても教育だけは誰にも奪うことはできない」

迫害の歴史もまた、ユダヤ人を賢くしているといえるでしょう。

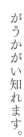

国が滅んでユダヤ人がバラバラになって以来、行く先々の国でユダヤ人たちは迫害を受けてきました。突然住んでいるところで迫害を受け、財産を没収されたりしましたが、体一つで逃げるときに残るものが「教育」だったのです。なんとか困難を抜けたと思っても、さらにその先にまた困難が待ち受けている。どんな社会でもつねに他人を頼ることができず、他人より努力して自分の存在価値を証明する必要性を骨に染みて知っているので、彼らは今でも教育にかける意識が高いのです。

さらに、国を転々としている以上、移った国の言葉を話せなければいけません。まずユダヤ教を理解するためにヘブライ語やイディッシュ語、そして移住先の国の言葉、さらに様々な国から来たユダヤ人同士が話すのにも使われたりする英語。だからイスラエルの年配の方だと、**5ヶ国語くらい平気で話せる**人もよくいます。

実際にわたしも「(日本語と英語の) 2ヶ国語しか話せないなんて……」とユダヤ人の年配の方に言われたことがあります。「外国語は話せて当然」、このように思っている彼らには「語学は難しい」なんて意識はこれっぽっちもないようでした。友人のアメリカ人は「僕は英語しか話せないさ」と満面の笑みを浮かべながらジョークで切り返していましたけれども……。

話を戻します。先ほども世界で活躍しているユダヤ人たちを列挙しましたが、彼らが活躍している分野はなにも学問に限らず、音楽などの芸術に秀でている人もたくさんいます。

なぜ彼らがこのようにジャンルを問わず活躍できているのか。それは、彼らが信仰しているユダヤ教という宗教が本質的に**ハッピーエンド思考**であり、それが精神的な柱となっていることも理由の一つです。

ハッピーエンド思考。つまり、彼らは「粘り強く努力しつづければ、何か良いことがあとで必ず起きるに違いない」という考えを持っているのです。そのために「生き延びてなんとか物事をより良い方向へ進めよう」とする欲求が強く、改革やイノベーションを好んできました。こういった**ユダヤ人特有の思考も、英語など外国語を学ぶときに継続して学習をする原動力になっている**のです。

まとめると、ユダヤ人たちは「思考法や文化を含むユダヤの教え」と「迫害の歴史」を小さいころから学ぶことで、最後には必ず良いことが起きるというハッピーエンド思考を身につけている。そしてそれが「継続して学習する」原動力となっているのです。

英語は「どうやって」暗記すればいい？

ここで英語学習そのものについて考えてみましょう。

英語を勉強するうえで大事なことは何だと思いますか？　その答えは「**覚えたことがいつでも使えるように脳に記憶させる**こと」です。英語を書いたり、話したりするときに「とっさに言いたい表現が出てこない」「頭ではわかっていても、実際に書く・話すとなると真っ白になってしまう」という悩みを生徒さんからよく聞きます。記憶した英語が自然と頭に浮かんでくるようになるには、使うことを想定して暗記をすること、そして継続して再暗記をしていく必要があります。ダイエットと同じように、多くの英語学習者は結果が出る前にやめてしまう現状があります。まずは、ユダヤ人のように継続して暗記をする姿勢が必要です。

ではなぜ多くの人が「続かない」のでしょうか？

その理由として、「単語や熟語などの暗記そのものがものすごく単調で退屈な作業なのでつまらない」もしくは「単語を忘れるたびに自分が嫌になってしまう」ということがあると思います。わたしは今まで学習塾、予備校、英会話スクールで幅広い年代の方に英語を教えてきましたが、生徒さんの多くは単語や熟語の暗記方法、定着方法にいたるまで学校で事細かく教わっていませんでした。学校で教わることといえば「とにかく何も考えずにたくさん書いて覚えなさい」といったようなまったく的を射ないアドバイスばかりで、「何を」「どのようにして」覚えればいいのかという大事な点を指導されていないのです。もちろん一人一人の勉強方法の好みは異なるので「自分で考えなさい、自分で対処しなさい」というような指導方法も必要なのはわかりますが、学習方法や記憶方法までわかってこそ、学習を通じて自分の能力を開発していくことができるのではないでしょうか。

英語学習のカギは「記憶したことをいつでも使える」ようになること。ユダヤ人が「記憶の民」と呼ばれていることを考えると、そんな彼らの「体を動かしながら繰り返し音読する」方法にこそ英語学習のヒントになることがたくさんありそうです。

アインシュタインはこう言っています。

「学校で学んだことをすべて忘れたときに残っているものが教育」だと。

それには思考法や記憶法も含まれるのではないでしょうか？　この本を手にとったあなたはラッキーです。ユダヤ式の英語学習を通じて、勉強して自分を高めるための思考法や暗記法を身につけることができるのですから。

繰り返しこそが「記憶の民」の知恵を形作っている

普段、日本で英語を教えていると「なかなか単語が覚えられません」「年齢のせいで忘れっぽくて」という悩みをよく聞きます。英語において「暗記」はすごく大事なポイント。多くの人が悩まれるのも当然です。けれども「記憶の民」といわれるユダヤ人は、そのような悩みとはどうやら無縁のようです。

じつは、ユダヤ人の学習方法には記憶を高める2つの仕組みがあります。

その一つは「徹底的な音読の反復」です。《学ぶ（ミシュナ）というのは、繰り返し朗読をし、繰り返し書き写し、そして繰り返し考えることである》というユダヤの格言通り、「音読と反復による暗記練習」がユダヤ人の勉強法の最大の特徴です。知人のユダヤ人女性も英語を学ぶとき、この学習方法が役に立ったと言っています。

《100回復習するのと101回復習するのでは大違い》というユダヤの格言があるくらい、彼らは復習を重視します。1回でも多く、わかるまで何回も繰り返し学んで理解することが基本中の基本。この基本にしたがって声に出して勉強し、ついにはそらんじられるくらいに暗記してしまうまで、同じ学びを繰り返すのです。

実際、1000ページ以上もある聖書「トーラー」そのものを覚えてしまう人がいるくらい、ユダヤ人には記憶の達人が大勢います。ユダヤ人は聖書を暗記することを積極的に推奨していて、世界30ヶ国以上のユダヤ人が参加する「国際ユダヤ青年聖書クイズ大会」というものが毎年開催されているくらいです。これは、トーラーを学ぶことは歴史や文化を含めた「ユダヤの教え」を学ぶことでもあり、これがユダヤの知恵の根幹をなしているということが背景にあるのではないでしょうか。

「落ち着きなく」勉強するから記憶に残る！

「反復」がユダヤの記憶術においてはキーポイント。とりわけ、声に出して記憶してしまう方法は少し変わっています。

普段、わたしたちは机の前に座って学習をしますが、**ユダヤ人には「勉強は机の前に正しく座って取り組むもの」なんていう考えは存在しない**ようです。冒頭のダニエルも日本で露天商をやりながら、立ったり座ったりを繰り返して日本語の勉強をしていました。そんな彼を見て、当時は失礼ながら「なんでこんなに落ち着きがないんだろう。勉強するときくらいじっとすればいいのに」とさえ思ったくらいです。

先ほども登場したユダヤ人の学塾・イェシーバーでは、ユダヤ教の経典を体全体を使いながら音読します。上半身をキツツキのように前後に大きく動かしたり、膝を曲げたり伸ばしたり、お尻を出したり引いたりして、体全体で独特のリズムをつけて音読するのです。動かし方にルールはないようで、独特のリズムをつけながら音読する姿勢を初めて見たときは、本当にカルチャーショックを受けました（最初はふざけているようにしか思えなかったほどです）。

体を揺らしているのには意味があって、全身運動と学習を一緒におこなうことで脳を活性化させているのだといいます。リズム良く体を動かすと体が温まって、血行が良くなり、脳にたくさん酸素を送り込むことができる。そうすることによって集中力や思考力、そして記憶力を高めているのです。ユダヤ人は２０００年以上前から全身運動が思考と学習能力を向上させることを知っており、その考えをユダヤ教の経典以外の語学の勉強でも応用してきたといえます。「**体を揺らすことで賢いユダヤ人が**

生まれている」と知ったらどうでしょう、かなり意外に思われるのではないでしょうか。

体を揺らしたり、歩いたりしながら自由にどこでも勉強する様子は一見落ち着きがないように思われがちです。極端な例を挙げれば、勉強するときに逆立ちをする人もいるくらいです。しかしこの勉強法は「〜しながら取り組める」という点で日常に取り入れやすく、かつ効果絶大です。

何かを考えるときに体を前後に揺らしたり、逆立ちをしてから数学の問題に取り組んだり、ヨガや体操をしながら語学を勉強したりするなど、机を使わないユダヤ人の学習方法はかなり独特です。アインシュタインも歩きながら相対性理論を考えたし、イスラエル建国の父ベングリオンもことあるごとに逆立ちをしていたそうです。

日本でも江戸時代に適塾などの私塾で音読が推奨されていました。最近でも脳科学者などの活躍により脳を鍛える方法として音読が再び注目されてきています（定着とまではいっていない印象ですが）。

日本では音読がやっと見直されてきている中、**2000年以上前からユダヤ人は音読による学習法をずっと徹底してやっている**というから驚きです。それも、「ただ座って読み上げる」のではなく、「体を動かしながら音読する」という方法は、2000年以上たった今でも、ほかに類を見ない新鮮な方法だと思います。「体を動かしながら」ですので、何かをしながら英語を勉強できる、というメリットもあります。ユダヤ人たちを見習って、ぜひこの「ながら勉強法」で、英語を無理なく楽しく習得してみませんか。

英語は2人で学べば効果も2倍!

体を動かした音読勉強法と並んで、記憶を高めるもう一つの仕組みは、「ハブルータ」と呼ばれる二人一組の学習方法です。学んだことをすぐ復習して記憶を定着させるために、ユダヤ人の子どもは小さいころからお互いに勉強を教え合うのだそうです。理解したことを口に出して教えることで「教える側」は知識の整理になるし、うまく説明できなかったら、さらに学び直すきっかけにもなります。また、「教わる側」にとっても、自分も学習したことを相手の口からもう一度聞くことになります。このとき、もし「わからない」と感じたのであれば、それは自分の理解がそこまで及んでいなかったということ。そこで自分の理解と相手の理解の差を埋めようとすることによって、効果的に復習ができるようになっているのです。わからない点が出ればお互いに質問し合って深い理解につながっていきます。

ユダヤ人はグループ学習を好み、ともに学ぶ楽しみを知っています。これは各国に離散して、一人だけでは生きていけなかった歴史も反映しているのかもしれません。何度も翻弄された民族の歴史があるため、「自分たちはつねに秀才の中でも飛び抜けて秀才でなければいけない。達人の中でも一番の達人でなければならない」と考えるユダヤ人は多いのです。わたしが留学していたころ、ニューヨークに住む多くのユダヤ人たちが「自分たちがアメリカ文化や教育システムに完全に染まってしまうのではなく、先祖たちが学びつづけ、伝えつづけている学習スタイルを大事にしたい」と口にしていたのもこのためでしょう。

お互いに助け合い、教え合いながら学ぶ楽しさを小さいころから身につけている。ユダヤ人は民族をあげて読書、議論、学習という活動を家庭やグループで習慣的におこなうので、集団的に脳を鍛え知性を発達させているといえるでしょう。

ぜひみなさんも機会があれば、「ペア」で英語の勉強をしてみてください。お互いわからないところがあれば質問し合って理解を深める、そして習ったことをこれからお伝えする「ユダヤ式」でつぶやけば効果は倍増するといえますので、チャレンジしてみてください。

ユダヤ人の勉強法が日本人の英語学習に役立つこれだけの理由

最近「英語難民」という言葉をよく目にします。どうやら「英語を身につけたいのに、いくら勉強しても上達せず、どうしていいのかわからない状態に陥ってしまった人」のことを指しているようです。

わたしもよく、「ぜひわたしのような英語難民を救ってください」とお願いをされます。

元「英語難民」だった立場からいうと、**ユダヤ人の勉強法を身につけることで、「英語難民」の状態から抜け出すのはもちろんのこと、英語以外のことにも意欲的に取り組めるようになる**でしょう。

実際、このユダヤ人の勉強法を日本人向けの英語勉強法にアレンジして指導しているのですが、老若男女、効果は絶大で、まったくしゃべれなかった人が英語でビジネスをするようにまでなったケースもあります。

なぜ、ユダヤ人の勉強法が日本人の英語学習にうってつけなのか。

まず、ユダヤ人の勉強法を身につけると次の3つの効果があります。

- 英語の学習が楽しく感じるようになる
- 英語の学習が継続できるようになる
- どんどん英語を使ってみたくなる

それではなぜこれらのことが「ユダヤ式英語勉強法」には可能なのでしょうか。日本人の英語学習者の多くがいろいろな英語勉強法を試しては、そのたびに効果が感じられず、一向に英語を操れるようにならなかったというのに。

ユダヤ人は歴史を通じて、状況をすばやく判断し、新しい環境と変化に迅速に順応する必要がありました。戦争や迫害で国を失い世界中に散らばっていっても、その土地で話されている言語を効果的にマスターすることで生き残ってきたのです。

英語などの言語習得は彼らにとって、生き残る術《すべ》の一つだったということ。

そう聞くと、「なんだかつらそうだな」と思うかもしれませんが、その状況すらもユダヤ人特有のハッピーエンド思考で冷静にとらえ、どんな状況下でも学習することを救いとし、勉強そのものを楽しんできました。

ユダヤの経典で《楽しんで学んだ勉強だけが、よく身につく》という考えがあるくらいで、ユダヤ人はこれまで、生きる術としての「語学」と楽しみながら向き合ってきたのです。「ユダヤ式英語勉強法」には、そんな彼らの「楽しみながらも継続できる」エッセンスが詰まっています。

アインシュタインの有名な言葉に「わたしは天才ではない、ただ、ほかの人より一つのことに長く付き合ってきただけだ」というのがありますが、まさにその言葉通りユダヤ人は毎日少しずつ時間をかけて学ぶ「継続の姿勢」を大切にしてきました。彼らがトーラーなどの膨大な量の経典を読んできたことからもそれがうかがえます。

「一つのことを全生涯かけて毎日少しずつ学んでいく」、こういった考えが世界中で活躍する「賢いユダヤ人」を作っていると知れば、ぜひともその姿勢を参考にしたいと思いませんか。

また、「ユダヤ式英語勉強法は体を動かしてつぶやくだけ」という点も、非常に続けやすいポイントです。

そして日本人の英語学習に決定的にうってつけなのが《**The chief thing is not learning, but the deed.**》「もっとも大切なことは、学習ではなく実行である」というユダヤ人の考え方です。

友人のアメリカ人英語講師が「日本人は驚くべき語彙力があるけれど、話すことになるとどうもそう感じないのはなぜだろう」とよくぼやいていたのですが、まさに失敗を恐れて話すことを躊躇《ちゅうちょ》してしまう人は多いのではないでしょうか。

《失敗を極度に恐れることは、失敗するより悪い》というユダヤの格言があります。本書を読んで、陽気なダニエルのようにどんどん話しかけていくユダヤ人の姿に触れて、「わたしも英語を使ってみたい！」と思ったなら、その気持ちにしたがって実際に英語で文章を書いたり、外国人に話しかけたりすることを実行してほしいと思います。先の言葉にもあったように、語彙力に関してはもともと日本人は優れています。ですので、あとは実践あるのみ。ボキャブラリーに秀でているのですから、使わない手はありません。

「英語の学習をこんなに長年やっていても、全然話せるようにならない！」という悲鳴に似た悩みをよく聞きますが、実際にその生徒さんの学習方法を聞くと、あれこれといろんな教材を買ってはチェックしているものの、英語を実際に口に出して練習していないことが本当に多い。

これはプロ野球選手のスイングを見て、野球がうまくなったと感じたり、プロゴルファーのスイングを見て、ゴルフの球がまっすぐ飛ばせると感じたりするのと同じです。英語を使いこなすためには、やはり口に出す訓練をしなければいけません。

街で出会ったユダヤ人のダニエルは、つたない日本語でも会う人、会う人に「こんにちは〜」と話しかけて、言葉を口に出す訓練をしていました。最初は挨拶から始まって、次は「寒いですね」とか「今日は天気がいいですね」などの本当に簡単な雑談を効果的に加えていき、練習をしたと言います。

はたして、あなたは同じように英語を口に出す練習をしたことがあるでしょうか？

《苦労して見つけたものは、信じなさい。苦労しないで見つけたものは、信じるな》というユダヤの格言のように、いろいろな英語学習に手を伸ばしては苦労してきた人ほどこの本は力になってくれるはずです（この本を初めての英語本として手にとっていただけたのなら、「最初にこの本に出会えてラッキー！」と必ず思わせます！）。

次の章では、そんなユダヤ式英語勉強法の「基本のき」である、語学学習するうえでの彼らの基本的な考え方を見ていきましょう。

第2章

ユダヤ人だけがやっている英語勉強法 5つの基礎

「ユダヤ式勉強法」のエッセンスが詰まった5つの考え方とは？

《学んだことを復習するのは、覚えるためではない。何回も復習するうちに、新しい発見があるからだ》

この格言のように、ユダヤ人はとにかく復習を重んじる傾向があります。これは、覚えたものを記憶に定着させるためだけではなく、その先にこそ新たな発見があると、ユダヤ人たちは知っているからです。

ダニエルも、習った日本語の表現を正しく覚えるためにふらふらと歩きながら何度もつぶやいて復習していました。そして新しい日本語を覚えると会話のレベルも上がり、さらにそれがうれしくてどんどん人に話しかけていたようです。

また、知り合いのユダヤ人英語講師のメイも落ち着きなく繰り返しつぶやきながら日本語を勉強していました。「なぜそのようにするの？」と聞いてみたところ、「英語もそうやってマスターしたし、気づいたらそうなっていた」と言います。

つまり、特別誰かに習ったわけではないけれど、身に染みついた「ユダヤの教え」

によって自然と繰り返しによる外国語勉強法を習得していたのだそうです。

多くのユダヤ人は今、イスラエルとアメリカに住んでいます。そのため英語はユダヤ人の間でイディッシュ語やヘブライ語に代わるもう一つの共通語となっています。

たとえば投資家のジョージ・ソロスはハンガリー出身のユダヤ系アメリカ人で英語、ハンガリー語、ドイツ語、フランス語などを駆使して投資の世界で成功してきました。

また日本に住むユダヤ系フランス人の数学者ピーター・フランクルは12ヶ国語を操ることができるそうです。母国語のハンガリー語、英語、ドイツ語、ロシア語、スウェーデン語、フランス語、スペイン語、ポーランド語、日本語、中国語、韓国語、タイ語を大学の講義ができるくらいのレベルで使いこなせると言います。

なぜ、こんなにもユダヤ人は語学が得意なのでしょうか？

知人のユダヤ人たちにいろいろインタビューをしたり観察したりすると、英語などの語学を習得するときの取り組み方に「学ぶ民族」らしさをはっきりと感じることができます。そんなユダヤ人の語学学習に関する考え方をまとめると次の5つになります。

1 とにかくワクワクすることから始める
2 体を動かしたり、歩いたりしてリズムをつけて学ぶ
3 声に出して、つぶやきながら学ぶ
4 最高の「つぶやき」環境を調える
5 反復練習や復習をすぐにおこなう

これら5つが、ユダヤ人の語学学習を支える基礎となっているのです。
それでは英語学習に欠かせないこれらの考え方について、詳しく見ていきましょう。

1 とにかくワクワクすることから始める

英語初体験のときの気持ちを思い出す

あなたは英語に初めて触れたときのことを覚えていますか?
中学校で習いはじめる前でも英語の歌を歌ったり、アルファベットを覚えたり、両

親と一緒にフレーズを練習したり……。

そんな簡単な英語に、ものすごくワクワクしたのではないでしょうか？

ところが、中学1年生の終盤、「動詞の過去形」のところで不規則動詞を習ったあたりからつまずきはじめたという人が多いかと思います。たとえばわたしの場合、**hide**「隠れる」という動詞の発音を「ヒデ」と読み間違えている間にも、「過去形が**hid**、そして過去分詞形が**hidden**になる」と説明され頭が混乱しました。アルファベットはあれだけ時間をかけて習ったのに、過去形の分野になった途端に授業のスピードが急加速。「英語は暗記だ」といわんばかりに、覚えなければいけないことが次々に追加されたのです。

当然、学校の先生はカリキュラムをこなすのに精一杯なので、詳しく教える余裕がなかったのだと思います。たとえば**hide**の説明なら、この単語の語尾に来る「**e**」は発音せず、直前の「**a, e, i, o, u**」の部分をアルファベット通りの読み方にする働きがある。なので発音は「ヒデ」にならず、文字にするのなら「ハァイド」のようになります。「サイレントE」「マジックE」と呼ばれるこの発音のルールを習ったあとなら、「ほかにはどんな単語があるのかな」とワクワクしたかもしれません。けれども、そのころの英語に関する授業といえば、疑問に思って質問しても「とにかく覚えなさい」と言われてしまい、どんどん文法の説明が先に進む。次第に先生との距離が遠く感じ、英語が得意な子とも成績の差がついてくる。助動詞、現在完了形、比較、関係代名詞と、気づいたらどんな説明を聞いても複雑で難解なことを習っているようにしか感じなくなり、どんどん興味がなくなっていく……。

「あ〜、文法なんてつまらない！」とわたしは感じたのですが、あなたにもそんな経験はありませんでしたか。

自分の英語レベルへのこだわりを捨てる

もしこの本を手にとって再び英語を学ぼうと思っているなら、まずは心が躍るくらいワクワクすることから始めるといいでしょう。**英語を始めるのなら、自分の好きなものが題材になっている教材を選ぶ**のをオススメします。

というのも、興味が持てないことや難解なことから始めても、すぐ嫌になってしまうから。自分の好きな題材であることに加えて、「簡単そう」「今すぐ取り組めそう」

と思えるものであれば最高といえます。

ユダヤ教では経典「タルムード」の勉強は、「興味が持てそうな」ところから始めるようにすすめられているそうです。

これは英語も同じ。「好き×簡単にできそう」なことからやり直してみましょう。そして少しでも「これだったら、実際に使えそうだな」と思えるくらい、自信がつくまでじっくりと取り組んでみるのです。そうすれば、学習のスピードは自然と加速するはずです。

まず好きな歌、童話、絵本、本、ドラマや映画、そして有名人のインタビューなど、興味が持てそうなものから始めてみましょう。日ごろから「英語で楽しんでみたい」と思っているものと、思いっきり触れる時間を作ってみるのです。今の自分の英語レベルにはそれほどこだわらなくてもいいですし、内容が理解できなくてもまったく問題ありません！

「好きな映画やドラマを字幕なしで見たい」

「有名人のインタビューがわかるようになりたい」

「好きな本が英語で読めるようになりたい」

など英語で見たり、聞いたり、読んだりしてみたいことがあると思います。

本当にそれらが心底好きで、ワクワクするのならそこから英語を始めてみましょう。

そしてもし難しいと感じたのなら、簡単なものに移行してしまえばいいだけのことです。

よく英語のニュースや新聞で勉強するという話を耳にします。たしかにそれも役に立ちますが、内容にかなり左右されてしまうでしょう。というのも、現地メディアのニュースとなると内容自体にピンと来ない可能性があるからです。自分が疎いものや嫌いなものを無理にやる必要はありません。まずは子ども向けの番組やアニメ、ドラマなどでとにかく英語に触れて楽しむ、という具合に勉強を始めてみましょう。

表現そのものを「つぶやきながら」味わう

いきなり難しいことをやって、すぐ挫折してしまうようだと効果は出ません。ユダヤ人の表現を借りると、《イチジクの実がなるように時間をかけて学ぶ》ことが重要なのです。一見すると遠回りをしているように感じるかもしれませんが、今までやってきた簡単なことや基礎的なことを一つ一つまず確実にしたほうが達成感もあるし自信につながるのだと、ユダヤ人たちは口を揃《そろ》えて言います。また、「わかる」ことも大切ですが、同時に**「楽しむ」ということも英語が操れるようになるうえではやはり不可欠**なようです。

実際、イスラエルに住むあるユダヤ人の知人に英語をどのように学んだかと聞いたところ、予想もしない答えが返ってきました。英語を学びはじめたころ、なんと知人は英語の勉強として、いきなり『ハリー・ポッター』の本を何度も英語で読んで、映画も何回も見たと答えたのです。

わたしは「え、最初から分厚い洋書？『ハリー・ポッター』は原書だと約300ページもあるし、英語の表現もファンタジー小説独特で難しいから無理じゃないの？」と思わず聞き返してしまいました。すると、「たしかに単語は難しかったわ。ただ『ハリー・ポッター』は大好きでヘブライ語で読んでいたの。だから内容があらかじめわかっていたので楽しめたわ。最初は知らない英単語ばかりでムズムズしたけれど、絶対に辞書を使わないようにして、つぶやきながら英語の表現そのものを味わうのよ」と答えたことには驚きました。

実際、『ハリー・ポッター』には細かい動作を表す表現が多数登場します。ユダヤ人の知人はそれを作品の中で「味わった」とのこと。たとえば、「歩く」という動作も **stride**「大股で歩く」、**waddle**「よちよち歩く」、**march**「悠々と歩く」、**amble**「ゆっくり歩く」のように使い分けられていたとしても、登場キャラクターの性格や状況を考えたら、情景が浮かんでくるそうです。意味はあいまいにしかわからないものの、表現そのものを味わうことで、楽しみながら英語に触れられるようです。

さらに、日本語が上手な外国人にその習得方法を尋ねても、日本のアニメやドラマの中で出てくるような表現のほうが教科書より参考になったという人がたくさんいます。アニメやドラマを楽しんで見ているうちに、教科書では出てこない表現に触れ、日本語の生きた口語表現を味わえたと言うのです。

英語の口語表現でも同じことがいえるでしょう。海外の映画やドラマで英語表現を味わうことについては、日本語に翻訳している英語のスペシャリストも同じようなことを言っています。だとすると、興味があることから始め、表現そのものを味わうことは、理にかなっている気がしませんか。さらに**読んでいる文章や聞こえた英語を、そのまま体を揺らしながらつぶやくことで、嘘《うそ》みたいに脳に記憶が定着し、それがま**

たモチベーションを高めてくれます。ワクワクが英語の勉強の継続・上達にはやはり不可欠なのですね。つまり、楽しい経験であればあるほど、そして体を動かしてつぶやくほど脳は英語を勝手に記憶してくれるといえます。

2 体を動かしたり、歩いたりしてリズムをつけて学ぶ

体の動かし方にルールなんてない！

「はじめに」でも書いた通り、ユダヤ人は5000年にもわたる歴史の中で、勉強と運動の関係に注目してきました。音読や暗唱に運動を取り入れたユダヤ人の伝統的な勉強法には、脳を活性化するための知恵や工夫がたくさん盛り込まれています。

迫害の歴史によって、必要に迫られるようにユダヤ人の勉強法は発達しました。ユダヤ人の間では、「書きとめる」ことよりも「記憶する」ことが良しとされたのです。過去にユダヤの歴史や伝統を気の遠くなるような労力をついやしてすべて書きとめて本にしたのに、その本を燃やされるなどして消滅した。そんなことが何度もあったの

で、自分たちの伝統を伝承するためには、「書きとめて記憶を放棄する」のではなく、「細かく鮮明に思い出せる」ように記憶する必要があったのです。その記憶方法の代表的なものの一つが、「はじめに」でも書いたような体を動かして学ぶという方法になります。

ではわたしたちが英語を学ぶときにも、ユダヤ人のように体を前後に揺らさなければいけないのでしょうか？　じつは彼らが記憶するときにキツツキのように体を前後させているのは、昔からのなごりという点が大きいので、とにかくじっとさえしなければＯＫ！　**英語学習においては、とにかく動きを取り入れることが大切**なのです。

英語だからこそ「ながら」勉強でうまくいく

注目すべきところは、どんな運動が知的能力により強い影響を及ぼすのかという点でしょう。ちなみに運動が学習能力を向上させることは科学的に証明されています。

わたしがオススメするのは、**リズム運動**です。リズム運動とは、ウォーキング、軽いジョギング、ヨガ、ダンス、太極拳、自転車に乗る、など一定のリズムに乗って体を動かすことを指します。

これらのリズム運動をすることで、脳に酸素がたくさん送り込まれます。すると集中力が高まり、より思考が整理されるようです。

それだけではありません。20〜30分程度歩いたりして体を動かすことで、脳内でセロトニンという物質が生まれ、心の安定を得ることができるメリットもあるといわれています。セロトニンが分泌されることでストレスに対処したり、良い姿勢を保てるようになったりする効果があるようです。

わたしもそうですが、勉強をしていると「どうも今日は気分が乗らないな」というときがあると思います。

そんなときは、立ったまま勉強したり、散歩に出かけて教材の内容が朗読されているオーディオブックを聞いたりしてみましょう。ほかにも歯磨きしながらラジオ英会話を聞いたり、雰囲気のいいカフェに出かけて本を音読してみたりするのです（ボリュームには気をつけてください）。するとどうでしょう。気持ちがすっきりして、いつにも増して効率良く勉強ができるはずです。

実際、ユダヤ人のダニエルも立って読書をしたり、ノートを見ながらブツブツとつぶやいたりしていました。語学は場所に関係なく勉強ができるので、この「ながら勉強法」は参考になると思います。

今まで英語コーチとしていろいろな方に、「ユダヤ人のように何か運動しながら勉強をするように」と指導してきました。運動といっても、汗をかくような激しいものではなく、立ったり座ったり、足をブラブラさせながらといったような、勉強にある程度集中できる範囲で取り入れていくやり方です。

実際、場所に関係なく楽しく気長に勉強をされている生徒さんのほうが、結果が出ています。ある70代の生徒さんは、ウォーキングをしながら英語の学習をしたり、登山途中の休憩時間に楽しく勉強したりしているそうです。

勉強するつもりで始めたウォーキングのおかげで、英語の上達に加えて体重の減少にも効果があったそうで、思わぬ副産物もついてきたりします（笑）。そんなサプライズなご褒美があれば、誰だって楽しくなってやめられなくなりますよね。

なかなか外出できないという方でも、部屋の中をぐるぐる歩いたり、その場で青竹踏みをしたり、部屋の中でもできるような簡単なリズム運動をしながら勉強するとより記憶に残るでしょう。

体を動かして勉強することで、集中できる。脳に酸素が送られるだけでなく、精神状態も安定し「乗ってくる」ので楽しくなり、勉強の効率が良くなる。つまり、「効率的に学ぶためには、心も安定した状態でないといけない」ことをユダヤ人たちは知っているのです。体を動かすことで、彼らは「心も整えながら」勉強しているといえるでしょう。

3 声に出して、つぶやきながら学ぶ

「つぶやき」で脳の記憶を厚くする

知人のユダヤ人に「イスラエルの英語のクラスでは、高校でも授業で音読する」と聞いたときには、ひどく驚きました。イスラエルでは高校生になっても、英語の勉強として学校で音読を実践しているというのです。

わたしが学生だったころは、中学生くらいまでしか音読をしなかった気がします。それ以降はたいてい、授業中に文法事項を答えたり、和訳を発表したりすることが中

心で、授業中に英語を声に出して使った記憶がありません。あなたの通っていた学校はいかがでしたか？

そのこともあって、これまで指導してきた生徒さんの多くは、英語の勉強を静かにおこなっていました。実際、ほとんどの学習塾では「大学受験や高校受験」に合格させるという目的があるので、これは仕方がないことかもしれません。現在運営している英語塾でも、生徒さんは待ち時間などに黙々と何かを書いたり、見たりしています。「声に出して、つぶやきながら復習しましょうね」とは言うものの、長年染みついた勉強方法はなかなか抜けきらず、「つぶやくこと」に違和感すら覚えるときもあるようです。

《何か新しいものを修得して、それに精通するには、実践にまさる方法はない》というユダヤの格言通り、英語を見て声に出して学ぶことは、それがどんな短い単語であっても、実践、つまり使っていることになります。声に出すことで、自分の声を聞き、視覚だけではなく聴覚も使っていることになり、それによって記憶に厚みが増すともいえるので、やらない手はないでしょう。

新しい発見は「自分の声の中」にある

わたしは学生のときにあるユダヤ人男性に日本語を教えたことがあります。ひらがなやカタカナを教えても書くのが困難で飽きてしまうので数字を教えたところ、彼は学んだ日本語の数字を定着させようと、試行錯誤したすえに音読を始めました。そして「**itchy**（かゆい）**knee**（膝）**son**（息子）**see**（見る）**go**（行く）**rock**（岩）**Nana**（ナナ）**hatch**（たくらむ）**cue**（手がかり）**Jew**（ユダヤ人）」と日本語の数字を英単語に置き換えていきました。数字を声に出して言ってみることで、偶然、英単語を見つけることができたのです。結局それから何度も何度も声に出して、その場でつぶやいて覚えてしまいました。とくに最後の **Jew** というのは（あまり良い表現ではありませんが）「(**the Jew** で）ユダヤ教、ユダヤ人」になることから、気に入った様子で「やった、すぐにでも覚えられそうだよ！」と喜んでいました。

あんなにひらがなやカタカナに苦しんでつらそうな顔をしていたのにもかかわらず、音読するようになってからは、ひらがなやカタカナをすぐに覚えてしまいました。声に出して勉強するようになった途端、日本語の数字の読み方から英語の似た音を連想し、さらに「かゆい、膝、息子、見る、行く、岩、ナナ、たくらむ、手がかり、ユダヤ人」と、ちょっとしたストーリー仕立てにして覚えてしまう発想はさすがだとうなりました。ちなみに「Nanaとは何ですか？」と聞いたところ、「日本人によくいそうな名前じゃないか」とのこと。

こんなふうに声に出して外国語を使うからこそ、耳に刺激を与えるだけでなく、新しく気づけることもたくさんあります。そして、それが記憶にも定着するのです。

ユダヤ教のもっとも古い経典は「聖書」であり、「トーラー」や「ミクラ」と呼ばれています。「ミクラ」とは、「朗読するもの」という意味のヘブライ語で、この言葉からもユダヤ人にとって聖書は声に出して朗読するものとされていることがわかります。実際ユダヤ人は体を動かしながら声に出し、さらに節をつけて歌うように文章を読んで覚えてしまうそうです。

わたしたちが「勉強」と聞くと、静かに座って黙々とやるイメージが抜けないと思いますが、リズミカルに声に出す勉強法を、この際試してみてはいかがでしょうか。「だまされた！」と思って、2、3日でもいいのでやってみてください。きっと脳が活性化して記憶力が高まっていることを実感できるでしょう。

4 最高の「つぶやき」環境を調える

気が散るときは「勉強するな！」

あなたは勉強するとき、集中して取り組めていますか？

たくさんの情報や物で溢《あふ》れ返っている現代社会では、あなたの集中を妨げる要素がそこら中に転がっています。たとえば、Facebook, Twitter, Instagram, LINEといったSNS。どうしても気になってしまうメールや電話の着信。楽しそうな声が聞こえてくるテレビ番組や続きが気になる漫画……。それら集中の妨げになる原因と向き合い、うまく対処する方法についてもユダヤ人たちは学んでいるといえます。

その一つ目は「**感情が乱れて気が散っている状態で勉強しない**」ということです。

ユダヤの格言には《自分の力ではどうにもならないことは、心配するな》などのように感情に向き合うものが多数あります。悩みや不安、心の痛み、重荷があるときはそのままの状態で勉強してはいけない。なぜなら思考が整理されず、勉強してもすぐ忘れてしまうから、というのが理由だそうです。なので、一切の心配と悩みを遠ざけて、勉強に集中するようにしましょう。どうしても心配事や悩みがあって忘れられないのなら、勉強は一時中断してそのモヤモヤをまず解消するよう努めるか、体を動かすことで気分をリフレッシュさせてから勉強するようにしましょう。

さらに、気が散る原因をできる限り取り除く努力も必要です。部屋の鍵を閉める、カーテンを閉める、テレビや携帯電話は電源を切るか勉強部屋に持ち込まない。暑かったり、寒かったりするなら迷わずエアコンをつける……といろいろありますが、気を散らす原因になるものは徹底的に排除していくほうが、学習効果は高いもの。さらに、「体を揺らしてつぶやく」にも、もし周りの目が気になるようであれば環境を調えなければなりません。「ユダヤ式英語勉強法」を実践するにあたっては、「集中できるかどうか」「周りを気にせずつぶやけるかどうか」というのが大事になってきます。

集中力の限界に一度挑戦してみる

ユダヤ人が教えてくれる、集中を邪魔する原因と対峙《たいじ》する2つ目の方法は、「自分にとって集中できる時間帯とその時間を把握する」ということです。

たとえばあなたは朝型でしょうか、それとも夜型でしょうか？

「朝のほうが頭がすっきりして勉強の意欲が高い」という人が夜遅くに勉強をしたところで思ったような効果は出ません。それどころか勉強しても身につかない分、テンションは大きく下がる。それでもまじめな人であれば無理に勉強しようとするあまり、生活のリズムが狂い、強かったはずの朝に集中することができなくなってしまった、なんてことにもなりかねません。

なので、あなた自身のタイプを冷静に把握して、どんな時間帯がもっとも学習効率が良いかを考えましょう。

人それぞれですが、時間帯によってエネルギーが出やすい、出にくいというのがあります。英語の学習でしたら、会社や学校の昼休みに集中してリスニングの勉強をするのを好む人もいれば、夜寝る前に単語を覚えて、朝復習するとたくさん単語が覚えられる人もいる。このように、人によって時間帯による効率性というのは違うのです。

さらに一度に継続して勉強できる、**「集中力が持続する時間」の把握も重要**です。

5分や10分くらいしか継続して集中できないのなら、30分や45分くらい、「もう限界だ」と思うくらいまで一度集中して英語の勉強をやってみる。集中しているときは中断せずに、熱狂的に一気にやりきるのです。

集中力が持続する時間も人によって違ってきます。継続して勉強する時間だけにとらわれずに、限界まで集中できているかをまずは意識すると良いでしょう。そして自分の集中力が維持されるマックスの時間がわかれば、それを目安に勉強のスケジュールを立てることができ、無理なく効率的に英語をマスターできるでしょう。

英語が身につく環境は「気分」で選ぶ

3つ目は「自分が集中できる学習環境を把握する」ということです。

《人は心喜ぶ場所でのみ勉強できる》というユダヤに伝わる言葉があります。

図書館のように静かな場所で勉強するのを好む人がいれば、暗記ものは声を出したりするので、少し騒《ざわ》ついた場所で勉強するのを好む人もいる……といった具合に人それぞれです。とにかく、どんな場所であっても、その人にとって気分が乗り、インスピレーションが湧く場所で学ぶことをユダヤ人たちはすすめています。

人によって落ち着く場所、気分が乗ってくる場所、作業しやすい場所というのは本当に違ってきます。たとえば、コタツに入りながら、トイレの中にいながら、河原や海岸沿いの道、田んぼのあぜ道を歩きながら、車のシートを倒してくつろぎながら、公園や駅のホームのベンチに座りながら、洒落《しゃれ》たカフェでコーヒーを飲みながら、電車の中でつり革につかまりながら……。自分にとっての「ベストスペース」がある人ほど集中力を高めやすいといえますので、ぜひ自分に合ったベストな勉強スペースを見つけてみてください。

自分に合った場所は自分にしかわかりませんので、英語を勉強する環境を見つけることも英語学習者がすべき準備の一つといえるでしょう。

5 反復練習や復習をすぐにおこなう

「すぐの繰り返し」「すぐの復習」が英語定着のカギ

《1日勉強しなければ、失ったものを取り戻すのに2日かかる》

というユダヤの格言が存在するように、ユダヤ人は学んだことをすぐ反復練習し、復習をすることを心がけています。復習に関する格言だけでも数多くあるほどです。

実際、大学時代同じクラスにいたあるユダヤ人の女の子は、授業が終わるとすぐに友達と講義内容をお互いに確認して、さらに自分の意見をぶつけて議論していました。留学生のわたしは、「この会話を聞くだけでも授業の重要なポイントが復習できるからラッキー！」と思って聞き耳を立てていたものです。

ほかにも、わたしが日本語を教えていた学生は一つ表現を習うたび、面白い日本語の例文をすぐに作って、ブツブツと繰り返していました。翌週会うと、前回習った表現を使って話しかけてきたので、「反復練習と復習の効果は絶大だ！」と感心してしまったものです。

普段、英語コーチとしてたくさんの生徒さんを指導する中で「歳のためか、なかなか覚えられません」という悩みをよくお聞きします。そんなとき、「では、何回反復練習されましたか」と聞くのですが、「1、2回くらいしか練習しなかったです」という答えが返ってくるケースがほとんど。もちろん、年齢による記憶力の低下がある程度あることはわかりますが、脳に記憶させる努力を怠ってはせっかく覚えられるものも記憶できません。反復練習と復習は、勉強したことを長期記憶するためには必要不可欠なのです。

ときには立ち止まって「わかっていない」ところを見つけてみる

復習の大切さを考えるたびにわたしが思い出すのはユダヤのこの格言。

《学んで復習しない者は、種をまいて刈り取らないのに等しい》

復習しなければ、どんなに努力したところで実を摘み取ることができません。**英語の学習はまず復習しなければ意味がない**ことを知りましょう。復習にこそ、英語学習の本当の意義があるといっても過言ではありません。

そして、何も考えずにただ復習するのではなくて、問題意識を持って復習するようにしましょう。「何が自分にとって重要か」「理解できていること、できていないことは何か」といったことを、ときには立ち止まって考えてみるのです。

そういう意味では、壁にぶつかったときは最高のタイミング。「どうしてそうなるんだ?」「この表現はなかなか覚えられない」と感じたものこそ、復習しがいのある項目なのです。

「意味ある努力は、やってみる前には簡単には見えない。だが、実際にやってみて結果が良ければ、その時点から振り返ってみると、簡単であったように思い返せるものである」

これはハンガリー出身のユダヤ人で理論物理学者のエドワード・テラーの言葉です。

「復習する努力が必要」と聞くと、どうしても大変そうだと思ってしまいますが、この言葉の通り、いったん始めてみればどんどん自分の力になってくれることが実感できるはずです。そしてあとから振り返れば、「**あれだけの努力でよくこれだけ英語が使えるようになった**」と感じ、得した気分になれるはずです。

《自分で自分のためにやらなければ、誰があなたのためにやってくれるのだろうか》

というユダヤの格言通り、復習に関しても同じことがいえると思います。復習こそが自分を助けてくれるのですから、一つ一つとにかく丁寧に取り組むようにしましょう。

第3章

ユダヤ式単語力アップ勉強法

5000年分の超記憶法！

「学んだことを考える者は簡単には忘れない」

「単語がどうしても覚えられない」
「いったいどうすれば語彙は増やせるのか」
英語を教えてきて、この相談が今までで一番多かったように思います。

わたし自身も中学・高校時代、単語を覚えることがものすごく苦手でした。日本人の「英単語嫌い」ぶりを表すデータとして2008年のベネッセ教育研究開発センターの調査に面白い結果があります。全国の公立中学校の教員3643名に「生徒の英語学習に対する苦手意識やつまずきの主な原因」を尋ねた結果を見ると、「単語(発音・綴《つづ》り・意味)を覚えるのが苦手」という回答が68・8％ともっとも高かったのです。約7割の教員が、「生徒が英語につまずく一番の原因が単語の発音や綴り・意味を覚えることといった基本的なところにある」ととらえていたのです。

思い返してほしいのですが、中学校や高校で単語の小テストを受けませんでしたか？ わたし自身、単語テストのたびに「どうしても覚えられない！」と頭を抱えました。英語と日本語の意味を書いた単語カードを作ったり、広告の裏が真っ黒になるまで書きなぐったり、トイレに張り紙をしたり……いろいろ試したのですが、はっきりいってどれも効果はいま一つ。終《しま》いには、自分の記憶力のなさを呪い、机を破壊したくなるくらい悩んで、単語を見ることすら嫌になってしまったことも。そんな、単語を見ただけで拒否反応が出る「単語アレルギー」を発症した時期もありました。

《学んだことを考える者は簡単には忘れない》というユダヤの格言があります。

わたしの学習に足りなかったのはまさにこの部分でした。「とにかく暗記したらなんとかなるだろう」と思っていたので、何も考えずただひたすら英単語を書きなぐってそっくりそのまま「丸暗記」しようとしていたのです。

学生当時、テスト前の勉強は次のようにしていました。「単語帳の意味が書かれたところを隠しては、暗記できたかどうかチェック→今度は日本語の意味から英単語を書けるかどうかチェック」

さてテストが終わったら、苦労して覚えた単語はいったいどうなったでしょうか？ほとんど記憶には残っておらず、きれいさっぱり忘れてしまっていたのです。テストのときは覚えていたとしても、それが終わると単語たちがすぐに記憶から消えてしまう。どうやら「どうすれば長期的に記憶できるのか」を考えなかったのがいけなかったようだと、前に覚えたはずの単語を辞書でまた調べてしまったときに気づきました。

では、どのようにして覚えれば、単語をずっと記憶に残すことができるのでしょうか? ただやみくもに単語を覚える以外にいい方法はあるのでしょうか?

単語を長く記憶に残す方法、その答えのヒントを探っていくためにも、まずは単語を覚えるためのツールから見ていきましょう。

単語との「一語一会」を大切にする

書店に行くと、単語帳だけでも様々な種類があります。受験用、ビジネス英単語、英検、TOEIC, TOEFL, IELTSなどの資格試験対策用……。どれを手にとったらいいのかわからないくらい、多種多様な単語帳がズラーっと並んでいるでしょう。試しにパラパラっとめくってみると、「知らないと危険レベル」「最重要単語」という脅迫に近い表現が嫌でも目につきます。しかし、それらの単語帳に収録されているものの多くは、わたしの人生で一度も出くわしたことがないような単語ばかり。実際アルファベット順にAから目を通すと、**adorn**「〜を装飾する」、**afflict**「〜を苦しめる、悩ます」と、一目見ただけではピンと来ない単語ばかり。昔はそうと気づかず、「その単語を知らない自分がダメなんだ」と必死に覚えようとしたり、ものすごく不安になって何冊も単語帳を買ったりしたものでした。わたしの根気が足りなかっただけかもしれませんが、そういった単語帳は馴染みがない単語ばかりが登場するので、すぐに飽きてしまいます。そして良さそうな単語帳を見つけてはまた別の単語帳に浮気を繰り返す……。そうしてまた、本棚の新たなコレクションとして加わるのでした。

結論としては、「**今の自分に馴染みがない単語ばかり収録されている単語帳は必要ない**」というのがわたしの考え方です。

「馴染みがあるかどうか判断するにはどうすれば？」と質問されそうですので、基準をお伝えします。

自分に馴染みがあるかどうかの基準、それは単語帳を手にとったとき、内容や学習方法、カバーなどのデザインも含めて単純に「ワクワクする」かどうかということです。ワクワクするのなら、その単語帳を一冊徹底的にやるべきでしょう。ずっと手元に置いておきたいと思えるもの、と言い換えてもいいかもしれません。

「どれもワクワクしない」という場合は、あなた専用の「My単語帳」を作ってみましょう。テキストや問題集などで出会った単語、旅行先で知った表現、外国人の方に教えてもらった表現などをMy単語帳に加えていくのです。作り方は簡単で、出会った単語の綴り（スペル）と意味をノートにまとめるだけ。ノートは持ち運ぶことや、それを見ながら「体を揺らしてつぶやく」ことを考えて小型のサイズがいいでしょう。ほかにも、Excelなどのソフトでリストを作成する、または携帯のメモ機能にまとめるのもいいでしょう。とにかく自分がワクワクする形で単語と接していくのです。

単語帳や自分でまとめた単語リストを何度も音読して反復・復習をしていきます。そのときには必ず声に出してください（単語一語ではなく熟語だったり、例文がノートに記してあったりするとなお音読の効果が得られるでしょう）。

知人のユダヤ人は単語を音節ごとに細かく区切って音読すると言っていました。わたしも難しい単語を覚えるときはこのようにしています。音節というのは母音を中心とした音のまとまりのことをいうのですが、たとえば**supermarket**という単語は**su-**

per-mar-ketのように4音節に分かれるので、**su, per, mar, ket**と音節ごとに丁寧に丁寧に音読して、綴りと発音を結びつけるのです。こうすることで、何度も書かずにスペルと発音の規則性を覚えることができます。数回単語を書いて覚えた気になってしまうよりも、音読を繰り返したほうが効率良く覚えられるだけでなく、スピーキングやリスニング能力向上にも役に立ちます。そしてもっといえば、「つぶやき」に「体を揺らすこと」を加えられればベストです。そうすれば、脳により強く記憶させることができるでしょう。

《出会った人すべてから、何かを学べる人がもっとも賢い》というユダヤの格言がありますが、わたしは**単語こそ出会い**だと考えます。

何回も遭遇する単語に関しては運命的な出会いです。なので、このユダヤの格言は次のように置き換えて考えるようにしています。

《出会った単語すべてから、何かを学べる人がもっとも賢い》

どんな小さな出会いでも、自分にとって大事だと思って単語を大切にできれば、語彙力は自然と高まっていくでしょう。

では次からより具体的に、単語帳や単語リストをどのように使って単語を覚えていけばいいのかについて見ていきましょう。
ユダヤ人が教えてくれた方法としては次の4つがあります。

「翻訳癖」をなくす英語のつぶやき方

英語を学びはじめるときのイスラエルの授業の様子を友人に説明してもらったところ、「先生は大げさに身近なものを指差して、単語を叫ぶ。そして先生が叫んだあとに、生徒全員でそれをまねて復唱する」とのこと。それも、単に復唱するだけではなく、体を揺らしたりしてリズムをつけて、歌っているように復唱するらしいのです。これをクラス全員で10回ほど繰り返したあと、個々に発音させて、言えなければその場で先生が生徒に口まねさせる。このようにして10分くらいの間に、生徒は条件反射のように新しい単語を覚えていくそうです。

翻訳したり、ヘブライ語で説明したりすることはなく、英語のみで体感させる。
とにかく英語で、文字通り「体験させる」ことが、授業を通じて一貫しておこなわれているそうです。

これには公用語の一つであるヘブライ語を学んできた歴史背景が関係しています。ヘブライ語は聖書の中でしか使われないような言葉だったのですが、19世紀に日常語として復活して、イスラエルの公用語の一つとなりました。その土地にあった言葉とはいえ、あくまで書き言葉だったヘブライ語。いかにユダヤ人であっても、いきなり話せるようにはなりません。最初は口に出して片言会話を繰り返す、それから上手な人のまねをしてジェスチャーもつけて表現する、といった感じで彼らは体で新たな公用語を覚えてきたのです。このやり方は母国語を介さず、条件反射のように英語を学んでいくやり方とまったく同じです。日本語で言いたいことを考えてから英語に翻訳して話そうとする「翻訳癖」のある人の参考になる勉強法だと思います。

ここで一つオススメの単語暗記方法を紹介させてください。

単語を覚えるにあたっては、イスラエルの子ども向け英語教育番組が大変参考になります。少し古いですが「**Candy Can Do It**」という番組をインターネットで検索してみてください。英語がペラペラな知人のユダヤ人も幼いときにこの番組を見ていたそうです。知人はこの番組で英単語にかなり親しんだと言っていました。

わたしも動画を見ましたが、大の大人が夢中になって何話も続けて見てしまったほどとにかくわかりやすくて面白い。子ども向けの内容にもかかわらず、思わず一緒にリズムをとって歌ったり、画面に向かって英語で叫んだり……この番組はすべて英語でおこなわれるのですが、ユダヤ人の学習メソッドを取り入れた構成になっていて、ユダヤ式に英単語を覚えるにはうってつけの教材です。同じ単語やセリフを感情を込めて大声でジェスチャーつきで繰り返したり、映像に合わせて楽しく歌を歌ったりするので、習った表現が強烈に頭に残ります。

Candyと呼ばれる人工知能を搭載したコンピューター(このあたりもイスラエルらしいですが)とその持ち主であるジョナサンが、2人の男の子と女の子と一緒に英語を学習するという内容のこの番組。男の子が頭に敬虔《けいけん》なユダヤ教徒の印であるキパという帽子をかぶっているのもお国柄でしょう。番組内ではCandyがいろんなイラスト、図、映像を子どもたちに見せて、ジョナサンがそれを簡単な表現で説明してくれるので、英語があまりわからなくても、単語くらいは習うことができるような番組の作りになっています。集中力が保たれるように15分くらいの番組構成になっているのも、単語学習をするうえではうれしいポイントです。

このように、子ども向けの指導方法として取り入れられている「楽しそうにリズムをつける」手法を、英単語の記憶術としても応用してみてください。**新しく覚えた単語を短い時間で集中して節やリズムをつけて何度も音読したり、普段よりも大きなジェスチャーと一緒に単語を声に出して発音したりすれば脳が勝手に覚えてくれる**のです。「単に目で見て確認する」「ひたすら書く」だけではなく、リズムをつけながら声に出して記憶する方法をぜひ一度試してみてください。5～10回ほど繰り返せば条件反射で英語が口から出てくることを実感できるでしょう。

大好きな曲に合わせて歌ってみたり、お気に入りの映画のセリフを大げさに繰り返してみたりする。そうしたことを繰り返していくと、自然と語彙は増えていきます。

おすすめ本

『改訂版　キクタンBasic4000』　一杉武史編著　アルク

音楽（チャンツ）に合わせて、リズムに乗りながら単語を楽しく一気に学べるのでユダヤ式にぴったりの一冊！　机に向かって学習する必要がないので、リズムに乗って体を動かしながら聞こえた通りにつぶやけば、1日わずか16個ずつ、10週間で

1120個の単語を楽々マスターすることができます。1日分のチャンツ（単語16個）はわずか約1分30秒なので、いそがしい人でも「まずは単語だけ」という学習も可能になります。少々大げさに唱えると、より記憶に残りやすいでしょう。

英語の辞書は「イラスト版」がベスト！

英単語を英語のままで覚える以外にはどんな記憶法があるのでしょうか。その一つとして、「イメージと関連づけて覚える」という方法があります。これは絵、写真、映像、動画、音楽、イラスト、身振り手振りなど、頭の中にイメージとして残るものと単語を関連づける記憶法です。

日常的な単語を増やす方法として、覚えたい単語の近くにイラストを描いたり、その写真を置いたりして音読するという方法があります。大学生のとき、ユダヤ人のクラスメイトがノートにイラストを描いているのを見て、「なんで子どもみたいに落書きしてるんだろう」と思っていました。しかし、そのクラスメイトはA（日本でいう

「優」）しかとらないような優秀な学生だったので、理由を聞けば「印象に残るようにそうしている」とのこと。「これはAをとる秘訣《ひけつ》だ！」と、それを聞いて手の平を返すように喜んでイラストを描いたものです。

けれど絵を描くのが苦手という人もいますよね。また、「手っ取り早く単語を覚えたいのに絵なんて描いてられるか！」というお声も聞こえてきそうです。そんな人には、「Picture Dictionary」（ピクチャー・ディクショナリー）を使うという方法がオススメです。これはたとえば「台所」の項目であれば様々な調理器具や調理方法のイラストがあって、そのイラストごとに英単語が載っているというもので、場面ごとにパラパラと眺めていき、イラストと単語を関連づけて覚えることができます。

「Picture Dictionary」と聞くと、もともと子どもの語学教育向けに作られているので「そんなもの役に立たない！」と言われてしまいそうです。しかし、**身の回りの物を表す単語は実際には頻繁に使うのに、受験や資格試験などの英単語帳ではカバーするのが難しい**という実情があります。また、身近なものであれば普段から使っていて慣れ親しんだ分だけイメージしやすいという利点も。なので、「身の回りの物が英語ではどういうのか」をイラストで確認することで、イメージと結びつけやすく、簡単に語彙力をつけることができるのです。

絵のほうが、意味を日本語で説明されるよりも直感的に理解できるというメリットもあります。たとえば、わたしが高校生だったときにこんなことがありました。英文を読んでいて、**porch**という単語に出くわしたときの話です。この**porch**という単語が前後の文脈から考えても、どうもよくわかりません。そこで、試しに英和辞書でこの単語を調べると「屋根のある玄関部分と、その前の部分」という説明があったのですが、「屋根のある玄関」とは具体的に何なのか、まったくイメージが浮かんできません。ほかにも**patio**という単語も同じように意味を見てもピンと来ませんでした。英和辞書で引くと「(スペイン風の)中庭」とあるのですが、スペイン風の中庭とはどんなものなのか、こちらもイメージがまったく浮かびません。みなさんにもこういった経験があるのではないでしょうか?

生活にかかわる単語の中には、日本語で意味を知るよりも絵やイラスト、写真などを見たほうが理解が早い場合が多々あります。たとえば、**porch**や**patio**のように日本とは異なる建築様式や間取り、住宅設備などは言葉で説明されてもイメージが湧きにくいもの。そんなときこそ「Picture Dictionary」の出番です。なんといっても一つのテーマに対して関連語がたくさん覚えられるので、先ほどの**porch**の例でしたら、住宅というテーマで**porch**や**patio**などを絵で確認しながらほかの単語も関連づけて覚えることができます。

ほかにも、たとえば料理が好きな方であれば、「Picture Dictionary」の調理方法が描いてあるページを見てみましょう。「(チーズやリンゴを)すりおろす」は英語で**grate**、「(オーブンなど)直火《じかび》で焼く」は**broil**と、興味のままに調べていくのです。

そして、ここで確認した単語をあなたのMy単語帳にイラストとともに加えて、それを体を揺らしながらつぶやけば、もっと記憶に残りやすいことでしょう。

おすすめ本

『Word by Word Basic Picture Dictionary [2nd Edition] (Bilingual Edition)』

Steven J. Molinsky & Bill Bliss 著　Pearson Japan

日常会話に必要とされる基本単語2500語以上をトピック別に収録している「Picture Dictionary」です。イラストつきでわかりやすく、テーマごとにパラパラめくるだけでも楽しめる内容になっています。自分にとって馴染みがある単語を中心にピックアップして、「My単語帳にイラストつきで加えて覚えていきましょう。英語版を買って「この単語は日本語で何というんだろう？」と気になってしまう場合は、バイリンガル版をオススメします。

馴染みのある単語の「仲間」をつぶやいて増やす

ユダヤの格言に《一つの庭を手入れするほうが、多くの庭を持ってほったらかしにするよりは良い。一つの庭を持つ人は鳥を食べることができるが、多くの庭を持つ人は鳥に食べられてしまう》というのがあります。

あれこれといろんなものに手を出すよりも、一つのことを丁寧におこなったほうが良いという考えです。

普段、英会話の指導をしていると、「あれ、この日本語の表現は英語でどう言うんでしたっけ？」と一つの英単語が思い浮かばず、会話が止まってフリーズ状態、という生徒さんをよく見かけます。こんな気まずい空気を経験した人も多いかと思います

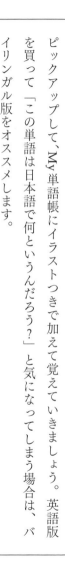

ので、そんなとき会話を止めることなく話が続けられる「置き換えのテクニック」と「同意語」について説明していきたいと思います。

たとえば、「カツオ」という単語を英語で言うとします。英語では何と言えばいいのでしょうか。英語学習の初心者の方ですと「うーん、カツオは何と言うのかな。えーっと、マグロは**tuna**だけど、カツオは……何だろう」と考え込んでしまいます。ここから一気にひらめいて、正解にたどり着く！　なんてことは至難の業でしょう。

じゃあやっぱり知らない単語は表現することができないのかというと、そんなことはありません。**popular fish like tuna**「マグロのような人気のある魚」と説明しても、十分話は通じるのです。正解は**bonito**ですが、これは英語のようでじつはスペイン語。もともとはスペイン語で**pretty**「かわいい（魚）」という意味を表すあまり馴染みのない単語だったのです。**bonito**「カツオ」のような**名詞の単語は、like「～のような」という表現を使って置き換える**ことができます。

しかし、動詞などはそうはいきません。たとえば「～を買う」という場合、**buy**ばかりを使っていると、同じ表現を繰り返していてワンパターンになってしまう可能性があります（これがもし会話なら、相手は必ず飽き飽きしてきますので要注意！）。

そこで同意語として**purchase**を知っておく。さらに**buy a pig in a poke**「現物を見ずに品物を買う、衝動買いする」などの慣用表現、連語などもチェックしておくことをオススメします。

こんなふうに普段からよく使う単語には、同意語や類語を調べてMy単語帳に加えていくようにしましょう。そうすることで実際に使える知識としてインプットすることができます。これは、一つの単語を掘り下げて意味をたくさん知るというよりは、**同じ意味の単語をいっぱい拾っていく、同じ意味の単語を横に広げていく**というイメージです。

そう聞くと、「え〜？　面倒くさい」と思われるかもしれませんが、辞書をさっと引く際に、ささっと書き写すだけでOKです。そして書き写したら、それをリズム運動しながらつぶやいて記憶する。これで脳は関連表現までしっかり覚えてくれます。

最近はわからない単語の意味はすぐにインターネットを使って調べられるので、中学校1年生で習うような簡単な単語からどんな表現まで広げられるのか、ぜひ一度試してみてください。そういう遊び心も表現力をアップさせてくれます。そうして馴染みのある単語を深掘りしたときには、ぜひ「My単語帳」に書き写して、発音するように習慣づけましょう。

ここで、ある単語をご紹介します。それは「最近」という意味を表す、**recently**。この同義語には**nowadays, these days, lately**などがありますが、これはぜひ使い分けできるようにしてください。「昔と比べてどうだ」という文脈で使えるのが**these days**と**nowadays**。**these days**は比較的カジュアルな表現なのに対して、**nowadays**はフォーマル。それに対して一般的に過去形と一緒に使うのが**recently**、現在形で使えるのが**lately**……というようにそれぞれ使う場面、使える場面があります。これはとりわけ英語を書くときに間違いやすいので、軽く意識しておきましょう（そして本当によく使います！）。

また、TOEICが500〜800点未満の英語学習中級者の方には英英辞書がオススメです。「英語脳」とよくいわれますが、英語を英語で考えるためには、一つの単語を別の簡単な表現で説明できる能力が必要となります。日本語を介さず意味をストレートに理解できるようになるためにも、英英辞書を使うようにしてみましょう。そして、英英辞書を使うときは、ぜひ体を揺らしながら例文も2、3回読んでください。そうすれば、語彙力もUPしながら「英語脳」に切り替わること間違いなしです！

おすすめアプリ

『ウィズダム英和・和英辞典2』　物書堂

紙の辞書ももちろんあったほうがいいのですが、重くて持ち運びづらいというデメリットがあります。とはいえ、インターネット上の無料辞書は単語の意味を調べるだけなら手軽で便利ですが、まだまだ馴染みのある例文がどうしても少ない。そんな悩みを解消するのが「辞書アプリ」。なかでもこのアプリが一つ入っていればすぐに使える例文が簡単に検索できるので、調べた単語が実際の文の中でどのように使われているかすぐ確認できます。単語の意味をより一層深めるのにうってつけのアプリです。

単語は「パーツ」に分解してつぶやきなさい!

「爆発的に語彙を増やす方法はありますか」これもよくいただく質問です。

そんなとき、わたしがオススメするのが「単語のパーツを覚える」記憶法。

冠詞のaも含む基礎となる単語2500語をマスターした人が単語数を一気に増

やすには、単語のパーツの把握がどうしても不可欠になってきます。というのは、英語で書かれた新聞や雑誌を実際に一言一句詰まらずに読むためには1万語以上の単語を知っておく必要があるといわれていて、単語を一つ一つ覚えているようではいくら時間があってもなかなかそのレベルにはたどり着けないからです。

「2500語マスターしたのに、さらに4倍の数を覚えなくちゃいけないの？　気が遠くなりそう」と言われそうですが、**単語は「パーツ」を意識して覚えることで記憶スピードが一気に加速**します。そればかりか、似たような単語の意味が正しく推測できるようにまでなるのです。

　たとえば、英語で書かれた本で知らない単語に遭遇した場合、単語のパーツの意味と前後の文脈をいかして読んでいけば、その単語の意味を知らなかったとしてもどんどん「正しく」読むことができます。英語のネイティブスピーカーの平均語彙は3万語といわれていますが、彼らも3万語の意味を逐一記憶しているわけではありません。1万語を超えたあたりで、一見ややこしい単語も、よく見ると何かしらのパターンに当てはまっていることに気づけるようになるのです。そのパターンを知っていると、単語の意味を知らなくても推測できるばかりか、覚えるときに連想しやすくなり、結果的に語彙力がつくスピードが上がります。

これは日本語でも同じことがいえます。漢字を考えてみてください。漢字は構成されているパーツ(偏《へん》や旁《つくり》)を理解すると頭の中で意味がつながりやすくなるはずです。たとえば鯵「アジ」の漢字の読み方がわからなくても魚偏があるので「何かの魚だ」というところまで突き止めることは簡単です。これと同じようなことが英単語にもいえるのです。わたしが日本語を教えていたユダヤ人男性は、魚偏が気に入ったようで魚偏の漢字ばかりを覚えていましたけれども……。

さて、そんな意味を推理するうえで手がかりになってくれる英単語のパーツですが、大きく次の3つの部分に分かれます。単語の先頭につくのが接頭辞(接頭語)、単語の意味の中心になるのが語幹(語根)、そして単語の最後に来るものが接尾辞(接尾語)。これら接頭辞・語幹・接尾辞の知識を総動員して新たな単語を増やしていく、というわけです。

たとえば、**disclosure** という単語。この意味を即座に答えることができますか？これは **dis-**「反対」と **close**「閉じる」、さらに **-ure**「名詞化(〜ということ)」というパーツから成り立つので、「閉じないこと」つまり「暴露、発覚、発表、公開」という意味になります。ほかにも**subway**は**sub-**「下の」と**way**「道」で「地下の道」、つまり「地下道や地下鉄」。**independence**は**in-**「否定」、**depend**「依存する」、**-ence**「名詞化（～ということ）」で「依存しないこと」、つまり「独立」という意味になります。

「結局は接頭語とかをいろいろ覚えなければいけないのか」「なんだか遠回りで、大変そうだな」「きりがなさそう」と思うかもしれませんが、そんなに大変なことでもありません。じつは、この単語分解暗記法を実践するうえで便利な単語のリストというものが存在しています。

それは14単語を覚えるだけで、『Merriam-Webster's Collegiate Dictionary』という辞書に載っている1万4000以上の英単語を推測できるようになるというものです。これはミネソタ大学のJames I. Brown教授が提唱する「Brownの14 master words」といわれる単語で、それら**14単語を構成している接頭・接尾辞20個と語幹の14個を「ユダヤ式」につぶやいて記憶できれば、爆発的に語彙力がつく**ことでしょう。

次のページから34のパーツが載っていますので、ぜひ「体を揺らしながら、つぶやいて」覚えてください。そうすることで、まずこのパーツが脳に定着し、その後の単語習得スピードが飛躍的に上がることでしょう。

epilogue

epi-「～の上に」+**log(y)**「言葉、学問」
=「上に付け加えられた言葉」⇒「結末、結びの言葉」

aspect

ad-「～に向かって」+**spect**「見る」=「見る方向」⇒「側面」
※adは後続するスペルによって多様に変化します。

uncomplicated

un-「～でない」+**com-**「ともに」+**ply**「折る」
=「一緒に折り重ねられていない」⇒「複雑でない、単純な」

nonextended

non-「～でない」+**ex-**「外に」+**tend**「伸ばす、引く」
=「外に広がっていない」⇒「延長されていない」

reproduction

re-「再び」+**pro-**「前に」+**duct**、**duce**「導く」
=「再び前に導かれたもの」⇒「複製品、再生産」

indisposed

in-「～でない」+**dis-**「離れて」+**pose**「置く」=「気が向かない」

oversufficient

over-「越えて」+**sub-**「下に」+**fic(t)**「作る、なす」
=「十分になされた状態を越えている」⇒「過剰な」

mistranscribe

mis-「誤った」+**trans-**「越えて」+**scribe**「書く」
=「誤まって向こうに移して書く」⇒「誤って書き写す」

Brownの14 master wordsと34の単語のパーツ

precept

pre-「前に」+**cept**「取る」
=「前もって取る、警告する」⇒「処世訓、教え」

detain

de-「離れて、下に」+**tain**「持つ、保つ」
=「離れて押さえつけておく」⇒「拘留する、留置する、拘束する」

intermittent

inter-「間に」+**mit**「送る、投げる」
=「間に投げ入れられたもの」⇒「断続的な、ときどき途切れる」

offer

ob-「〜に対して」+**fer**「運ぶ」=「〜のほうへ運ぶ」⇒「提供する、申し出」※obは後続するスペルによって多様に変化します。

insist

in-「〜の中に、上に」+**sist**「立つ」
=「〜の上に立って譲らない」⇒「主張する」

monograph

mono-「一つの」+**graph**「書く」
=「一つのことについて書かれたもの」
⇒「(単一分野をテーマとする)研究論文、単行書」

おすすめ本

『新編集　語源とイラストで一気に覚える英単語』

清水建二著　William Currie 監修　成美堂出版

この単語帳は、新たに単語を覚えるためのものではありません。今まで習った単語の中から接頭辞、語幹、接尾辞などの関連性を再認識して語感を磨く本になっていて、語感を磨くと同時にイラストと単語のパーツを頭の中で関連づけられるので、記憶に残しやすい作りになっています。「単語量をとにかく増やしたい」という人は、パーツごとに分けて体を動かしながら音読をする「ユダヤ式メソッド」を実行しながらぜひ読んでみてください。

第4章

ユダヤ式英文法勉強法

文法こそ声に出して学ぶもの！

英文法はアウトプットしてナンボ！

もし「英語の勉強は何から始めたらいいですか？」と聞かれたら、わたしは真っ先にこう答えます。「まずは文法をやりましょう！」と。

すると、大きく分けて次の2つの反応が返ってきます。

一つは「文法なんていらないよ。どんどん話すことのほうが日本人にとって必要じゃないの？」という反応。もう一つは「やっぱり、そうだったのか。よーし、もっと英文法の勉強をやるぞー！」という反応です。わたしの生徒さんも大体この2パターンの反応をします。

どうやら文法の分野になると、好き嫌いがはっきり分かれるようで、まったくやらないか、やりすぎるかの両極端。やりすぎると文法評論家のようになってしまい、他人の英語を「正しい」「間違っている」とすぐに批評してしまう。一方で嫌いな人は「見るのも嫌」とまったく勉強しない……。このように文法は二極化する傾向があります。

他人の英語をすぐに批評してしまうのも考えものですが、「文法なんて無視」というほうが、英語を操るうえではネックになるといえます。もちろん、学校教育で文法が嫌いになり、文法に対してアレルギーを持つ人の気持ちもわかるのですが……。

よくあるのが「英語が話せるようにはなりたいけれど、文法を学んでしゃべれるようになるとは思えない」「こんなものを勉強して何になるのか」と思って、文法の勉強を避けて英語ができるようになる方法を探すというケースです。

しかし、**大人が英語を習得するには、英文法を固めたほうが短期間で一気に力がつきやすい**といえます。文法さえ押さえれば、英語をマスターしやすくなるのです。

「自分の英語が正しいかどうか不安だ」「とっさに英語を話さなきゃと思うと頭が真っ白になってしまう」というような悩みの原因はただ一つ。**「話す」「書く」というアウトプットするための文法が身についていないだけ**なのです。ここが解決できなければ、英語を使いこなせるようにはいつまでたってもなりません。

アウトプットするための文法とは？　そしてそれはどうすれば身につくのか――これはユダヤ式の英文法勉強法ですぐに解決できます。

とはいっても、文法学者のように専門的に文法を学ぶ必要はありません。文法範囲としては中学英語にほんの少しプラスαの内容を学べば十分です。多くの方は中学・高校で英文法を十分勉強しており（6年間もあれば、たいていの場合下地は必ずできています)、あとはその知識を体を揺らして音読しながら整理していくだけなのです。《行動のともなわない知恵は、実のならない木のようなもの》というユダヤの格言があります。同じように、インプットした英文法の知識は、つねに話して、そして書いて使うことで知恵として身についていくのです。あなたが今まで習った知識をすぐに使えるようにアップデートしていけば、短時間で文法は習得できます。それでは、その秘訣《ひけつ》を今からお伝えしていきましょう。

「知っている文法知識」を「使える知識」にユダヤ式でアップデートする

ユダヤ人にとって、ユダヤ教とは「祈る」宗教ではなく「学ぶ」宗教。経典に書いてあることを自分なりに消化し、発展させて毎日の生活にいかしていかなければならないと彼らは考えています。なので、「何か新しいことを学ぶ」というよりも、「ユダヤの教えをいかして今あるものをより良くしていこう」という発想が強いのです。

英文法の勉強も、まさにその発想に尽きます。要は、**あなたの中に蓄積した文法知識をより実践的な知識としてアップデートしていく必要がある**のです。

具体的には中学や高校で使っていたような文法書とまず「仲直り」をして、その中で扱われている例文を自然と口ずさめるくらいまで暗唱していきましょう。いろんな文法書の中でわたしは『総合英語Forest〔7th Edition〕音でトレーニング』（石黒昭博監修、桐原書店）をオススメします。これは文法書である『総合英語Forest〔7th Edition〕』（石黒昭博監修、桐原書店）で紹介されている全例文を集めた一冊で、音声と例文を使って、外出先など自宅以外でつぶやいて勉強するのにうってつけ。また、MP3形式の音声では、「日本語→ポーズ→英語」の順にナチュラルスピードで例文が読まれていくので、「ナチュラルスピードで聞いて、体を動かしながらつぶやく」ことで脳に文法知識が勝手に溜《た》まっていく効果があります。そういう点でこの教材はまさに「ユダヤ式英語勉強法にうってつけ」なのです。

もちろん、中学や高校で使っていた文法書のほうが説明がわかりやすく、例文がたくさん載っているのならそちらを使ってもらってかまいません。とにかく、習った文法を、例文とセットでつぶやけるような音声がついているかどうか。文法の参考書を選ぶのであれば、ぜひこの基準でセレクトしていただければと思います。

文法知識のアップデートは、次の手順でやっていきましょう。

1 ワクワクする項目の例文に目を通す

これはつまり、必ずしも第1章から始めなくていいということです。パラパラとめくり、興味が湧いてワクワクするところから一つずつ例文を声に出して読んでみましょう。そして1日1章分ずつくらいのペースで、例文をリズム運動しながらつぶやいてみるのです。

いきなり文法書の解説文を読むのではなく、例文の中で詳しく知りたい文法知識が出てきたときにだけそれを読むようにします。ノートなどにまとめながら読むと時間がかかるので、例文を見て文法構造がわからないものだけ軽く説明を読むくらいでOKです。項目全部に目を通す必要はありません。しっかりと理解できていない箇所や、もっと知識を深めたい例文だけに印をつけるなどして、解説などはあとから見るようにしましょう。

2 例文を「一言」で簡単に解説する

例文をつぶやいていって、「もっと詳しく知りたい!」と思った文法事項については、解説文を読んだあと、ぜひその**文法ポイントを「日本語一言」で声に出して解説**してみましょう。たとえば **enjoy**「楽しむ」という動詞を見て後ろに動詞の **~ing** 形が続いているのが気になったときは、まず解説に目を通して知識を深めます。それから、「**enjoy** のあとは動詞の **ing** 形をとる」と簡単に説明できれば、脳への定着にすごく効果的です。**詳しい解説をするのではなく、文章になったときどうやって使えるのかを考え、「一言」でつぶやくことがコツ**で、このように考える癖がつけば TOEIC などの資格試験の勉強にも効いてきます。そうやって一つずつ声に出して説明することで、実際に英語を音読するとき「あっ、**enjoy** のあとはたしかに動詞が **~ing** の形になっている！」と、自然と文法や語法の意識が高まり、自動的に脳が「復習」してくれます。そんなふうにして知識が定着していくのです。

3 例文を暗唱できるようになるまで繰り返す

はじめは例文を見て、音声を聞きながら3～5回まねるようにつぶやいてください。そして、慣れてきたら、例文を見ずに音声のみで3～5回つぶやいてみましょう。聴覚だけを頼りに復唱するのです。最後は日本語を見て、例文が一文まるごとパッと出てくるかどうかチェック。それができたら次の例文も同じように取り組んでください。慣れてくればどんどん暗唱のスピードは上がってきますので、最初はできるだけ一文ずつ粘り強く取り組むことをオススメします。そのときはぜひ、体を動かすことを忘れずに。何度もそうやってつぶやいて、口から英語が自然と出てくるまで繰り返して暗記してしまうのです。そうすれば、文法知識と一緒に言い回しも脳に定着してくれるでしょう。

ここで注意したいのですが、**とにかく少ない分量をコツコツやる**ようにしてください。

《たくさんつかむとつかめない》というユダヤの教えがあるように、少しを丁寧に、丁寧に扱うのです。音読を繰り返す際も、1回目は文法を意識しながら、2回目は音の強弱に注意しながら、3回目はスピードに変化をつけて……と自分の中で課題を決め、1例文ずつ丁寧に音読をこなしてください。音読練習に慣れていない人は最初は時間がかかるかもしれませんが、15分だけでもかまいません。毎日続けて習慣化していきましょう。またその際は、体を動かしながら声に出して音読をするようにしてみてください。すると、文法パターンがいつの間にか身について、英語が体系的にわかるようになります。仕上げとして、知人のユダヤ人は覚えた例文の単語を入れ替えて、自分なりの文を作って覚えたと言います。つまり、体を動かしながらつぶやくことで覚えた例文パターンを、単語やシチュエーションを変えてまたつぶやく。こんなふうに「つぶやいてインプット」→「つぶやいてアウトプット」を実践していくのがユダヤ式英文法勉強法の基礎となります。

おすすめ本

『総合英語 Forest(7th Edition) 音でトレーニング』 石黒昭博監修 桐原書店

学習文法書の『総合英語Forest〔7th Edition〕』収録の例文を中心として構成された学習書です。全例文の日本語音声と英語音声のMP3音声データも手に入るので、携帯用端末に入れて持ち運べばどこでも例文の音読学習ができます。ナチュラルスピードで収録された音声をまねして音読すると発音も鍛えられるので、ぜひ一度チャレンジしてみてください。

例文のモノマネを究める

文法を学ぶときに陥りがちなこととして、「解説や例文を目で追って終わり」ということが挙げられます。しかしこれは単に知識を目に入れているだけで、これではとっさに話したり、書いたりするときに言いたいことが浮かんできません。もし、英語で自由に話したり、書いたりしたいのであれば、つねにアウトプットを意識した英文法の勉強をする必要があります。

コツは、教材にCDがついているのであれば、**最初はナレーターの声をしっかり聴いて、まるでコピーをするかのように声に出して「つぶやく」**こと。その際は、英語独特の発音やリズムも細かく意識してまねするようにしましょう。

ユダヤ人は経典を読むとき、読み方のお手本となる宗教家の朗読のあとに、オウムのように「まねして」同じ言葉を繰り返すことで、自分一人でも経典が読めるようになっていきます。同じように、ナレーターが英文を読む声をしっかりとまねして、体に「正しい英語」を染み込ませていくのです。

そして慣れてきたら、今度は音読だけではなく、暗唱もしていきましょう。例文を隠して、しっかりと言えるかどうか試すのです。はじめのうちは一文まるごと暗唱するのは難しいと思うので、音読する際はまずは単語ごとに区切って読む。そして体を揺すったり机を指でトントンと叩《たた》いてリズムを刻んだり、足を踏み鳴らしたりしながらリズミカルに音読しましょう。少し大げさに区切って音読すると体に染み込ませやすくなります。慣れてきたら2語以上のかたまりで音読をする、そしてだんだんそのかたまりの語数を増やしていく。語数を6語くらいのかたまりになるくらいまで増やしていって、最後は英文を見なくても暗唱できるように10回くらい音読を繰り返しましょう。

音読や暗唱をすることで、「文法的に正しい例文」を体に浸透させることができます。またそのときは、ぜひ例文の発音とスピードもまねしてください。そうすれば、英語を話すことや書くことに対しての反応スピードも格段に上がるはずです。そればかりか、「自分が言ったことや書いた英文が正しい英語かどうかわからない」といった悩みもなくなります。自分の脳が記憶した「文法的に正しい例文」をもとに文を作れるようになるので、蓄積された例文を基準にして正誤判断ができるようになるのです。これこそ「文法的に正しい英語がわかる、話せる」ということにほかなりません。

さらにかたまりでとらえて音読・暗唱することには別のメリットがあります。それは、英語を読んだり、聞いたりしたときに一度にキャッチできる英語の情報量も比例して増えていくという効果。つまり、この**「単語のかたまりを増やしながらつぶやく」方法は、文法力をつけるだけではなく、大量の英語をキャッチして発信していく力も同時に鍛えられるメソッド**となっているのです。

「文法の放置プレイ」厳禁！

「そもそも人間という存在は、物事を完璧には理解することができない生物である。このことに気づくと、間違えることは恥ずかしくなくなる。恥じるべきは、過ちの修正を怠ったときである」

これはハンガリー生まれの投資家、ジョージ・ソロスの言葉です。

「文法ミスを恐れず、どんどん英語を使ってみましょう」「まずはたくさん話してみましょう」というアドバイスをよく聞くかと思います。

「臆せず英語を使ってみよう」「習うより慣れるほうが大事」という観点からそういわれているようですが、この言葉を間違って解釈してしまい、同じミスを繰り返してしまう生徒さんが後を絶ちません。

たとえば、このような感じです。昨日起きた出来事を話してくださいと言ったはずなのに、その生徒さんはずっと現在形だけでネイティブの講師に話しかけていました。どうやら「ネイティブなら動詞の変化を少しくらい間違えても意味をくんでくれるだろう」くらいに考えていたようですが、外国人の講師に「え？　いったいいつの出来事を話しているんですか？」と聞かれて固まってしまったのです。

少し厳しい言葉ですが、ジョージ・ソロスの言葉にあるように、**「恥じるべきは、過ちの修正を怠ったとき」**です。

《失敗を恐れるほうが、失敗を犯すよりも悪い》というユダヤの言葉があるように、失敗自体は悪いことではありませんが、大事なのはそこから修正していくということ。**失敗したときこそ、「英語が話せる人になるのか」「英語がまったくわからない人のままでいるのか」の分岐点に立っている**と考えてください。

生徒さんを見ていると、よく間違える文法項目として「語形変化」があります。とくに、名詞の複数形や動詞の不規則変化が苦手という人がどうも多いようです。「頭ではわかっているけれど、いざ口に出すと間違えてしまう」そんな、「文法知識はあるのに、それが実践で生きてこない」といった経験はありませんか？

たとえば、英会話初心者の人に多いのが、「話し手や聞き手以外が主語(単数)のとき、動詞の現在形に**s**がつくこと」(三人称単数の**s**)や、「名詞の複数形」「動詞の過去形や完了形の不規則変化」が話すときに頭から抜けてしまい、動詞は全部現在形、名詞はすべて単数にして話してしまうというケース。これらは文法書を体を動かしながらつぶやくことで、「習う」も「慣れる」も同時におこなえ、「使える知識」として身につけて解決できます。**正しい語形変化が自然と口をつくようになる**のです。ですからどうか面倒に思わずに、時間があるときにもう一度、文法書を「体を動かしてつぶやきながら」確認することをオススメします。

よくミスが目立つこととして、未来形、過去形、そして現在完了形などの「時制」を使いこなすことも挙げられます。まずこれらの文法項目をもう一度理解し、文章を自由に作ってみてください。知人のユダヤ人の勉強方法だと、文章を左ページ上の図

□単語を入れ替える時制トレーニング

(現在形) **I go to the United States.**
「わたしはアメリカに行きます」
↕単語を入れ替え
(過去形) **He went to the United States with me, too.**
「彼もわたしと一緒にアメリカに行きました」
↕単語を入れ替え
(未来形) **I will go to the United States the day after tomorrow.** 「わたしは明後日、アメリカに行きます」
↕単語を入れ替え
(現在完了形) **I have been to the United States three times.**
「わたしはアメリカに3回行ったことがあります」

のように変化させて口ずさんで慣れたと言います。

このように時制を自由に変化させ、同時に単語などを交換しながらつぶやくのです。

一見簡単にも見えますが、この変換がなかなか瞬時に頭の中に浮かばず、口からも出てこないもの。**文法を学ぶうえで「知っている知識」を「使える知識」とするためには、どんどん表現を入れ替えて「つぶやきながら」文を作っていくことが効果的**だといえるでしょう。

英語には豊かな時制表現があるので、英

語を話すときや書くときに「この状況を表すには、どの表現がいいかな？」とつねに考える癖を身につけると、より表現力が増すでしょう。

まず未来を表す表現ですが、大きく分けて3つニュアンスの違いがあります。

1つ目は **will** を使って **I will visit~** とする一番オーソドックスな表現。このとき「～を訪れます」という意味になりますが、文脈次第では「断固として～へ行きます」という強い意志を表すことも可能です。

2つ目は、**I'll** などの短縮表現。会話の途中などで、**OK, I'll visit there.** とした場合、「わかった、じゃあ、そこを訪れましょう」と「今やることになった」というニュアンスを表します。同じ **will** でもこのように使い分けることで、微妙なニュアンスの違いを表すことができるのです。もし、やんわりとしたニュアンスで言いたい場合は **I think I'll visit~** という表現を使うと「～を訪れようと思っています」と、ややおだやかな表現になります。

最後の3つ目。これはよく教わる **will** の書き換え表現 **be going to~** ですが、**I am going to visit~** で「～を訪れることになっている」となるように、「あらかじめ決まったことをする」というニュアンスを表します。**be** 動詞（ここでは **am**）と **going** で現在進行形「〜へ向かっているところ」となっていることからも、それが表現されていますよね。

このように未来を表す表現でも細かいニュアンスの違いがあるので、時制を扱っている文法の解説に一度目を通して、例文を体を動かしながら「つぶやく」ことをオススメします。

また、過去形や完了形の動詞の変化形は、発音も含めてチェックが必要です。たとえば **hear**「聞こえる、聞く」という動詞の過去形 **heard** を、「ヒアド」と発音している人をよく見かけます。ちなみに正解はカタカナで表現するとしたら「ハァド」です。あとは **steal** の過去分詞 **stolen** など、不規則変化がすっかり知識として抜けている人もいます。文法書などの不規則変化表も、一度声に出してつぶやいてみてください。

ユダヤ人は《知識と自信は切っても切れない関係にある》という考えから、自分の知識を疑って絶えずアップデートする「学びの姿勢」を身につけています。ごくごく基本的なことでも、頭でわかっているのと実際に使えるかどうかは別問題。文法事項を「使える」ものにアップグレードするためにも、まずは「体を揺らしながらつぶやく」ことから始めましょう。

語形変化や未来表現に加えて、とくに**「つぶやいて」使いこなせるようになっていただきたいのが、現在完了形（have+動詞の過去分詞形）**。これは日本語にはない表現で、ほとんどの人が使いこなせていない気がします。しかし、現在完了形の表現は使えるようになるとすごく便利なので、まずはその「使い方」をつぶやくことで理解して脳に定着させてほしいと思います。

大まかにいえば過去形は終わってしまった出来事を表すのに対して、現在完了形は過去からの話が現在にも影響を及ぼし「今〜したばかり」「以前〜したことがある」などの意味を表すときに使います。つまり、**現在完了形を使えば「今のあなたがどうなのか」という等身大の自分を、それまでのバックグラウンドと結びつけながら相手に伝えることができる**のです。

完了形をはじめ、自分が苦手だなと思うところを徹底的に体を動かしながらつぶやく。小さな単位から始めて、一文を言えるようになるまで、そして何度も言えるようになるまで唱えつづける。そうすれば、「実際に使える英文法」が必ず身につきます。**英文法こそ、声に出して学ぶべき勉強項目**なのです。

おすすめ本

『中学英語をもう一度ひとつひとつわかりやすく。』　山田暢彦監修　学研教育出版

中学校で学習する文法項目に大人向けの情報を追加した、大人のための文法参考書です。左ページにイラストつきの解説、右ページに書き込み式の練習問題が配置されたページ構成で、1項目ずつ丁寧に進めることができるでしょう。基礎が怪しい人は数字の表現方法や動詞の語形変化一覧表も載っているのでいい復習になります。練習問題の答えの例文はCDで聴けるので、音読で復習可能というのもうれしい点です。

『ネイティブが教えるほんとうの英語の助動詞の使い方』
デイビッド・セイン、古正佳緒里著　研究社

話し手の気持ちを表す助動詞のみに焦点を当てた一冊で、ネイティブの視点で各助動詞の性質や使い方が解説されており、自分の意図をスマートに伝えるうえで参考になります。**can, could, may, might, must, shall, should, will, would**の9つの助動詞を中心に、その使い分けやニュアンスの違いを解説しているので、用法の間違いがないかどうかチェックするのに最適です。

「助動詞」のほかにも、同じシリーズで「冠詞」や「前置詞」にフォーカスを当てた本もあるので、英語のニュアンスを詳しく知りたい人はぜひ手に取ってみてください。

第5章

ユダヤ式リスニング力アップ勉強法

日本は英語耳を鍛える天国！

「なぜ口は1つなのに、耳は2つあるのか」

「浴びるように英語をたくさん聞いていれば、自然と何を言っているのか聞き取れるようになる」こんなシャワーを浴びるかのように英語を聞き流すリスニング練習法も人気がありますが、はたしてこれは本当に効果があるのでしょうか？

小さいころから海外で育った子どもなどの例外を除いて、この方法でリスニング力が伸びたケースをわたしはあまり知りません。

英語をたくさん聴くことを「多聴」といいますが、これはTOEICのスコアが700点以上あるような英語学習中級者以外には効果がないと思います。**多聴は英語がある程度わかる人がさらに慣れるためのメソッド**です。「苦手な英語を何とかしたい」という人であれば、英語のシャワーを浴びても単語がかろうじて聞き取れる程度、ほとんど雑音にしか聞こえないのではないでしょうか。**やみくもに意味もわからない内容をたくさん聞いても実際には効果がない**のです。

ユダヤの格言に《人には口が1つなのに、耳は2つあるのはなぜか。それは自分が話す倍だけ他人の話を聴かなければならないからだ》とあります。これは外国語であればなおさらそうで、相手の話をしっかり意識して聴かないと、相槌《あいづち》やジェスチャーをタイミング良くするなどいい反応はできません。さらにその話を受けて返すこともできない、つまり会話を膨らませることもできないでしょう。会話とは聴けるだけでも話せるだけでもダメで、両方鍛えていく必要があります。もっといえば、**上手に話すためには「しっかりと聴くこと」を練習していかなければならない**のです。この章では、そんな「話せるようになるための英語のリスニング力」をつける方法についてお話ししたいと思います。

洋楽でリスニング力は鍛えられる？

「ユダヤ人が経典を覚えるときには、体を揺らしながらつぶやく」こんなキツツキのように体を前後に揺らしながら唱える方法をお伝えしましたが、じつは歌を歌ったり踊ったりしながら「リズム運動」を加えて経典を覚える人もいます。この「歌ったり、踊ったり」を英語のリスニングにもいかせないでしょうか？　じつは可能で、これこそまさにユダヤ式リスニング勉強法というべきメソッドになります。

そもそも英会話の練習は歌の練習に似ているといっても過言ではありません。音と歌詞を結びつけて声に出して歌う。ときには手を大きく振ったり、拳を握ったり、そして踊ったりと全身で歌詞を表現しながら言葉を体に落とし込んで、それを発声することで「歌」を習得していきます。

英会話の練習もこれとまったく同じで、聞こえてきた音と自分の知っている単語を結びつけて、声に出す。気分が乗ってきたらジェスチャーを大きく、体全体を使って話してみる。そう、**リスニングとは、聞こえてきた音と自分の知っている単語を結びつける作業**なのです。要は、自分の中の単語と、聞こえてきた音を結びつける力を鍛えなければならないということ。であれば、洋楽ならポピュラーな単語がよく使われているし、なにより楽しみながらリスニング力を鍛えられそうだと思いませんか？電車の中でもみなさんよくイヤホンで音楽を聴いてますよね。**「知っている単語と結びつける」という点を押さえて洋楽を聴けば、楽しみながらリスニングのスキルを上げる**ことができるのです！

実際、ダニエルも日本の歌を何曲も聴いて日本語を覚えたそうです。一般的な教材だと、あまり面白みがなく「楽しみながら聴く」というのは難しいのですが、歌だと何回聴いても苦にならないのが良かったと言っていました。

ダニエルいわく、**「聞こえてきた音を、そっくりそのままコピーしてつぶやいて歌う」ことがコツ**とのこと。いろんな曲の中でも彼は宇多田ヒカルの曲が大好きなようで、路上で人目も気にせずよく熱唱していました（決してそうしなさいと言っているわけではありませんよ〜）。

わたしもダニエルがやっていたように、リスニングのトレーニング方法として、歌を原曲通りに「まねて」歌うことをオススメします。はじめは意味や発音がしっかりわからなくても大丈夫、まずはとにかくまねてみるだけでＯＫです。自分の中の単語と歌詞を結びつけるのはそのあとに復習としておこないましょう。英語をやり直しはじめたばかりという人であれば、曲はスローテンポで歌いやすい、童謡やアニメの主題歌などがオススメです。

「洋楽を聴いてリスニング力を鍛える」という方法は、英語スキルをより伸ばしたいという人にもオススメです。よく、「リスニング力を鍛えるために、英語ニュースがうってつけ」といわれていますが、それを鵜呑《うの》みにしないでください。

まず想像してください。「よーし、これからがんばって英語が聞き取れるようになるぞ！」と気合満々のときに、「リスニングの勉強としてこれから毎日、海外ニュースを聴きましょう」なんてキリッと言われたら、どうでしょう。続けられる自信があるならそれもいいとは思いますが、「なんだかつまらなそう」「それだとワクワクしない」という人が多いのではないでしょうか。そういう気分を最初に少しでも感じてしまえば、それは絶対続きません。さらに、「ニュースを聴いて体を動かしましょう」と言われても、ニュースではなかなかリズムに乗る機会もなく体を動かしようがない。

では、こう言われるとどうでしょう？

「**リスニングをするときは、英語の歌を体全体で聴いて歌ってください**」と……。

「体全体を使って聴くってどういうこと？」「歌を歌うだけでリスニングが上達するわけがない！」と、まだいろいろなツッコミが聞こえてきそうです。

この「歌を聴いて、さらに歌えるようになるとリスニング力がアップする」というのには理由があります。しかもそれは、残念ながら学校ではほとんど教わることがないこと。けれどやることは簡単です。歌詞を見ながら歌を何度も聴く。そして音をまねして、体を動かしながら歌うだけ。本当にそれだけで簡単に英語の音のルールを学べ、リスニングが上達します。

まず手始めに、日本でもお馴染みのセリフで、洋楽にもよく登場する「**check it out**」を英語で読んでみてください（ラッパー気分で！）。ちゃんと読めましたか？

これ、「チェック・イット・アウト」とは読まないですよね。そう読まないことはうすうす気づいていると思いますが、では「なぜ、そう読まないのか」についてきちんと説明できるでしょうか？

じつは、**この短い3語の中に、リスニング力を鍛えるうえでもっとも大切な音のルールが3つも含まれている**のです。

まず、どのように読むかというと、「チェッキラ」という感じの音になります。なぜそのように読むのかはあとで説明するとして、英単語一つ一つの発音とは違う感じになっていますよね。これが大変重要なポイント。このフレーズは有名なのでどこかで聞いたことがあるかもしれませんが、洋楽ではこのような読み方をするフレーズがたくさん出てきます。洋楽で英語のリスニングを学ぶメリットとして、これらのフレーズをまねしてリズムをつけながら歌っていくうちに、3つの英語の音のルールが自然と身につく（＝脳に定着する）という効果が挙げられます。そしてこの**3つの英語の音のルールを意識するだけで、リスニング力が飛躍的にアップする**のです。

どうでしょう、洋楽を聴くだけで英語が聞けるようになるとすれば、ワクワクしてきませんか？

では、リスニングで大切な3つの英語の音のルールを、一つずつ見ていきましょう。

1 リエゾン　音と音がくっつくルール

まず一つ目に知っておいてほしいルールとは、「リエゾン」と呼ばれる音がつながるルールです。

子音で終わる単語と母音で始まる単語が連続して発音されるとき、それぞれ個別に発音するときとは違った発音をします。たとえば、「**not a single day**」という歌詞があるとします。**not a** の部分は「ノット・ア」ではなく、カタカナで表すと「ノッタ」のようになります。**not** の「**t**」（子音）と次の「**a**」（母音）がつながって、「**nota**」「ノッタ」となるのです。

ひらたくいってしまえば、**英語では母音（a, e, i, o, u）の前後で音がつながることがある**ということ。これは、日本語には見られない特徴です。もし次に、英語の歌を聴く機会があったら、英語の歌詞とにらめっこしながら「あ、今ここでつながった！」とリエゾンを発見してみてください。それだけでもリスニングの勉強になります。

ほかにも**turn away**「顔をそむける」という歌詞があった場合、「ターン・アウェイ」ではなく「トゥァナウェイ」と、**n**と**a**の音がつながっています。

このように英語には「音のつながりがある」ということを知っているのと知らないのでは、リスニング力に大きく差が出ます。普段、音をつなげて話すことに慣れている英語のネイティブスピーカーの音が、日本人に聞き取りにくいのはこのためです。

「音のつながり」は、歌だけではなく日常会話でももちろん頻発する現象です。まずは洋楽でそれに慣れておきましょう。曲を聴いたときに「あ、今、前の音と後ろの音がつながったんだな」と意識することができれば十分です。最初は「どこでつながるかな」と身構えて考えるよりも、まずは歌詞を見ながら聴いてみる。そして、歌詞を見ながら一緒に声に出して歌ってみると、リエゾンはきっと発見できます。

歌詞を見ながら歌っていて、急にリズムに乗れず、予想しないスピードで歌詞が進んでいくところはとくに耳に力を入れて聴いてみましょう。そこにこそ、英語の音の大事なルールが隠されています。うまくリズムに乗れないからといって「むにゃむにゃ」とごまかして発音するのではなく、聴こえた通り「リエゾン」を意識してまねして発音をしていく。するとリスニング力だけではなく、発音も自然と良くなることでしょう。

2 フラップT　tがラ行やダ行の音に変わるルール

2つ目は「フラップT」と呼ばれる英語特有のルールです。

これは、**母音（a, e, i, o, u）で挟まれたtの音が[l]や[d]の音になる現象**のことで、たとえばアメリカ英語では**water**を「ウォーター」とは読まずに「ワーラー」や「ワーダー」と発音します。ずっとカタカナ英語に慣れているわたしたちにはなかなか理解しにくいポイントかと思いますが、**t**の音が**[l]**（ラ行）や**[d]**（ダ行）の音になる、それが母音と合わさって「ワーラー」または「ワーダー」と発音されるのです。同じように**better**も「ベター」ではなく、「ベラー」「ベダー」と発音します。

この現象が「フラップT」や「弾音化するT」と呼ばれるものになります。

このように**l**や**d**が使われていないのに、ラ行やダ行に近い音になるなんて、なかなか理解しづらいところですが、この音をしっかりと聞き取ってさらに使えるようになるためにも、まずはこの現象を知っておくことが大切です。そしてこれは次のルールと組み合わさることが多いので、続けて3つ目のルールを紹介します。

3 子音止め　準備は口だけ、実際には発音しないルール

3つ目の音のルールは「子音止め」と呼ばれるものです。**b, d, g, k, p, t**などの破裂音で終わる単語が発音されるときにこの現象が起こります。

これは、**単語の最後が破裂音で終わる場合、最後の破裂音は発音する準備だけして（口の形を準備して）、実際には音は出さずに終わってもOK**というルールです。たとえば、**don't do that**「それをしないで」と英語で発音するとどうなるでしょうか？

カタカナ英語だと、「ドント・ドゥー・ザット」ですが、**don't**の**t**の音と**that**の最後の**t**の音にこの法則が当てはまります。発音するときには、破裂音**t**の口の準備だけはするのですが、実際に音にはせず、ほとんど聞こえない音になります。つまり「子

音止め」が発生するのです。また、**that** の最初の **t(h)** は、**o** と **a** に挟まれていますので、フラップTも同時に起こる。そうなることで、「ドウン・ドゥー・ダッ」というふうに聞こえるのです。

たとえば歌詞の中に **can't hold it back**「それを押しとどめてはいられない」とあれば、まずは各単語の子音を見ていきましょう。一つ一つの英単語をそのまま読むと「キャント・ホールド・イット・バック」となりそうですが、実際の聞こえ方は違っているはずです。まず、**can't** が「キャント」ではなく、「キャン」としか聞こえない(子音止め)。そして **hold it**「ホールド・イット」は **hold** の **d**、**it** の **t** が破裂音なので、リエゾンも絡んで「ホゥディ」と **t** の音が消えて聞こえます。さらに **back** の **k** は破裂音なので子音止めして、「バック」ではなく、「バッ」とします。全部つなげて「キャンホゥディバッ」となります。カタカナ読みの英語と比べてみるとどうでしょう。随分と違うことがご理解いただけたと思います。

これらの3つの音のルールを知ったうえで、聴こえた音通りに何度も歌い、そして音を完全にまねしてください。**聴こえた通り洋楽を歌うことで、英語の音のルールが**

□英語が聞こえるようになる3つの英語音ルール

①リエゾン
子音で終わる単語と母音 (**a,e,i,o,u**) で始まる単語が続くとき、音がつながる
例) **not a single day** ×「ノットアシングルデイ」
　○「ノッタシングーデイ」

②フラップT
母音 (**a,e,i,o,u**) で挟まれたtの音がラ行、ダ行に変わる
例) **water**　×「ウォーター」　○「ワーラー」「ワーダー」
　better　×「ベター」　○「ベラー」「ベダー」

③子音止め
b,d,g,k,p,t の破裂音で終わるとき、その音は発音しなくてOK
　can't　×「キャント」　○「キャン」
　hold it　×「ホールドイット」　○「ホゥディ」

体に染み込んでいくはずです。最初は何回か音のつながりにつまずいて、うまく歌えないと思います。はじめのうちは音のつながりやフラップTが予想しづらいからです。さらに子音止めもできずに**d**や**k**を「〜ド」や「〜ク」とはっきり発音してしまうかもしれません。まずは、聴こえた音のみを信じてください。自分の中にもともとある英語の音ではなく、耳の神経を研ぎ澄まして一つ一つ確実に音を拾うのです。

楽しみながらリスニングを上達させていくためにも、洋楽を歌って、楽しく音を覚えていきましょう。そ

して、身振り手振りを大きくし、余裕があればダンスもしてみてください。そうやって体全体を使ってリズムを刻むのです。歌ったり、体全体でリズムを刻んだりすることで、英語独特のリズムに対して慣れることができるでしょう。そして何より、リズム運動を取り入れることで、脳が勝手に音を記憶してくれます。そうすれば、実際の会話の場面でも、上がり下がりの音（抑揚）、リズム、変わる音、消える音などに惑わされずに、相手の言わんとしていることがきっと理解できるようになるはずです。

おすすめ本

『英語耳〔改訂・新CD版〕』　松澤喜好著　アスキー・メディアワークス

「なぜ聞き取れないか？」を細かく分析して、母音や子音の発音方法がわかりやすく具体的に解説されています。たとえば、発音記号[ɑ]の解説。「めいっぱい口を開けた『ア』」というように説明が明快です。聞き取るためのルールをマスターし、オウムのように聴いた音を反復する学習方法「Parrot's Law」はまさにユダヤ式。繰り返し声に出す練習を実践することで「英語耳」を鍛え上げることができるでしょう。

電車のアナウンスで英語耳トレーニング

知人のユダヤ人女性が東京に住んでいたときに、「駅や電車のアナウンスの声が好きで、いつも聞き耳を立てて聴いていた」と言っていました。外国の無機質なアナウンスとは違い、日本の丁寧で親切なアナウンスに感動したそうで、彼女は毎日、駅や電車のアナウンスを集中して聴き、すぐあとに繰り返しつぶやいて日本語を練習したそうです。すると日本語独特のリズムに慣れ、日本語のリスニング能力が高まったというのです。また、日本語のアナウンスのあとには英語を言うので、正しい意味もすぐにわかり、日本語の表現の勉強にもなったと言っていました。

みなさんは駅や電車のアナウンスを気に留めているでしょうか？　ぜひ、一度通勤中に英語が聞こえてこないか意識してみてください。すると、**日常の何気ないところにも英語は溢《あふ》れている**ことに気づくでしょう。

日ごろ参考書を読んだりして英語を勉強する習慣がなくても、駅、電車、空港、テーマパークなどのアナウンスは英語でされることが多いもの。これをリスニングの勉強として有効利用してみましょう。そういう意味で、こういった**アナウンスは一番身近**

にある英語教材だといえます。

中国や韓国から日本を訪れた知人たちは、このアナウンスに対して、「日本語がわからないので、英語アナウンスは本当に助かった。でも英語のスピードが意外に速いから、英語の勉強にもなったよ」

という感想を話してくれました。じつは**電車の中で話されている英語アナウンスはナチュラルスピード**。なので、聞き方次第ではリスニングの訓練にもなるのです。

日本人が英語を聞いても「何言ってるのかサッパリ」と感じてしまう大きな要素として、次の5つが挙げられます。

1 英語特有のリズム（音のつながりや強弱など。発音できない内容は聞き取りづらい）

2 英語のスピード

3 使われている語彙（読んでわからない内容は聞き取りづらい）

4 周囲の雑音

5 訛《なま》り（イギリス英語、アメリカ英語、インド系、シンガポール系、オーストラリア訛りなど）

駅や電車のアナウンスでは、訛りはほとんどないので5の対策にはなりませんが、それ以外の4つの対策としては、じつはかなりの効果があります。

まずアナウンスの英語は丁寧で聞き取りやすく、スピードも英語教材にあるような日本人向けに速度を落としたものではありません。なので、スピーディーで本格的な英語を聞き取る練習になるうえ、普段日本語のアナウンスを聞いて内容がわかっているので、単語の意味も類推しやすいはずです。

そして、**英語アナウンスを聴く最大のメリットとして挙げられるのが、「雑音の中で英語を聞き取る練習になる」ということ**です。リスニングの勉強をしている人の多くがイヤホンなどを使っているかと思います。しかしそれだと周囲の雑音やノイズが消されてしまい、実際の会話の状況とはかなり違ってくるはずです。英語のリスニング力が実際に試される場面というのは、えてして雑踏の中で相手が話す英語を聞き取る状況ではないでしょうか? 複数の人との会話、携帯電話での会話、飛行機のアナウンス、パブや立食会……そういった雑音の中で相手の話を聞き取れるようになるためにも、まず駅や電車のアナウンスでリスニングの練習をする。そして聴こえた英語をその通りつぶやけるかどうか試してみる。こうやって実際に使えるリスニング力を鍛えることができるのです。

そう、聴くだけではなく、駅のホームや電車の中で小声でぜひつぶやいてください。他人の視線が気になるという方や、独り言を聞かれたくないという人はマスクをするといいでしょう。それでもどうしても周囲が気になるようでしたら、口だけ小さくパクパクさせるだけでもかまいません。とにかく、**聴こえたものを音にしようとする口の筋肉の動きが重要**なのです。

さらに電車の中だと「ガタンゴトン」と揺れているのもうれしい点。なぜなら、それだけでもう、リズム運動になっているからです。**電車の中で聴こえた通りにつぶやけば、勝手に体は揺れてますので、それだけで「ユダヤ式」の完成**。脳が勝手に英語を記憶してくれます！

電車をよく利用するという人は、ぜひ毎日アナウンスを聴いて、オウム返しのようにまねできるか試してみてください。難しいと感じるようなら、聞き取れた単語だけでもOKです。

ご自身の住んでいる地域に英語のアナウンスがないという人は、インターネットで「電車　アナウンス　英語」で検索すれば、音声を探すことができます。

また、「アナウンスされた内容を正しく聞き取れているかどうか、どうしても確認したい」という場合も、「電車　アナウンス　英語　スクリプト」などで検索してみてください。シチュエーション別のアナウンス原稿が出てきますので、聴こえた音と実際の原稿にどのくらい違いがあるのかをすぐに確認することができます。

電車はリスニングにうってつけの場所といえます！　電車に乗って、揺られながらアナウンスされた英語を口パクでもいいのでまねてみる、それだけで脳が自動的に英語の音を覚えてくれるのですから、やらない手はないでしょう。

聴こえたことをそのまま口に出して書く「ユダヤ式ディクテーション」

ダニエルは聴こえた日本語をとにかくつぶやいて覚えていました。それも立ったり座ったり、あっちへ行ったりこっちへ行ったりしながら、です。ただし、せわしなくつぶやいていただけかというと、そうではありませんでした。聞き取りづらい表現や難しい言葉に出会ったときには、つぶやいたあとにローマ字で必死に書き取っていた姿を今でも覚えています。彼がとくに難しいと言っていたのは「ガソリンスタンド」

などの和製英語で、「ガソリンスタンドは**gas station**と英語ではいいます」と、まるで誰かに教えるようにしてつぶやきながら覚えていたのが印象的でした。書き取ったものを数回誰かに教えるかのようにつぶやき、そしてすぐその表現を道行く誰かに話しかけて試す。こんなふうにして練習を重ねていました。

このように、聞いたものをリズムをとりながらつぶやく、そしてさらにつぶやいたことを忘れないように書き取ってみることで、より一層リスニング力を鍛えることができます。

ここで大事なのは、**「つぶやく」と「書く」をできるだけ同時にする**ことです。この2つの作業を別々にしてしまうとどうしても時間がかかってしまいます。聴こえた音をそのままつぶやくほうがたしかに簡単ですが、「いったい何をつぶやいているのか」がわかったうえで口を動かすほうが、やはり効果は大きいものがあります。

聴こえたものをつぶやく。そして余裕があれば、つぶやきながら書き取ることもしてみましょう。書き取ったあとにそれを音読して、文章としてきちんと成立しているかどうかをチェックすれば、脳の記憶の厚みはさらに増すでしょう。

難易度は上がりますが**「つぶやく」「書く」という作業を同時にやってしまえば、時間もかからないばかりか一度に頭の中に残る英語の量が2倍に増えます。**聴こえた音をつぶやいて自分でもう一度再現してみる、そしてそれをすぐ文字として書きとめる。そうすることで聴こえた音がどのくらい正確に聞き取れているのか、試すことができるのです。

聴こえた音を書き出すことは一般に「ディクテーション」と呼ばれています。通常だと、「音声を聴く→聞き取れた内容を紙に書き出す」というやり方ですが、ユダヤ式のディクテーションではそこに「つぶやき」を加えます。簡単にいうと、「聴こえたことをつぶやきながら（またはつぶやき終わってから）書く、そしてさらに書いたものを声に出す」のです。具体的には、以下の手順で進めていくことになります。

【ユダヤ式ディクテーション】

1 一文ずつ短く区切って聴く

2 聞き取った内容を、体を揺らしながら声に出してつぶやく（単語だけでも可）

3 つぶやいた内容をすぐ紙に書く（2と同時にできればなお良い！）

4 一通り聴き終わったら紙に書いたものを見て、再びつぶやく

音声は何度も繰り返し聴いてもらってかまいません。自分が聞き取れてつぶやくことができる文章（単語）を、間違っていてもいいので紙に書き出してみましょう。そして書くときもぜひ、つぶやきながら書いてみることをオススメします。なぜなら、**「書く」という動作を付け加えることで、ユダヤ式メソッドの特徴である「体を動かしながらつぶやく」ということを実践していることになる**からです。

つぶやくことができ、書き出せる内容をすべて書いたら、スクリプトと見比べて答え合わせをしてみましょう。間違った箇所、聞き取れなかった箇所を色ペンでチェックして、またつぶやく。そして間違えた箇所に注意しながら、もう一度音声を聴いてユダヤ式ディクテーションをする。そのときにはスクリプトは見てはいけません。視覚情報を遮断して音声だけに集中して「聴く・書く」ようにしましょう。そして書き取った紙を見て、発音をまねしながら5～10回気持ちを込めて音読する。最後に書き取った紙を見ずに、音声をまねして3～5回暗唱。わからなくなったら、紙でその都度確認するようにして、5回暗唱できたら終了です。

この作業はいわゆる「精読」ならぬ「**精聴**」です。時間も手間もかかりますが、得られる効果はそれだけ大きいはず。スルメを噛《か》みしめるように、同じ課題を何回も繰り返し咀嚼《そしゃく》することで、一度に聞き取れる英語量が増えます。

ここで一つ注意してください。**ユダヤ式ディクテーションをする際は、スペリングはあまり気にしなくてもOK**です。むしろ、どの前置詞が聞き取れなかったのか、つながって消えているように聴こえた音は何かを予想しながらつぶやき、書き取っていく。つぶやきを加えることで自分が一度に聞き取れる量が把握でき、さらに書き出すことで自分のリスニングの弱点がわかるという仕組みになっているのです。

何度聴いてもつぶやけない部分、聞き取れない箇所というのはどうしても出てくるもの。嫌になってしまうかもしれませんが、これはなにもあなたが「英語に向いていない」ということを意味しているのではありません。「ここが聞き取れるようになると、一気にリスニング力がアップする」、そんなポイントを教えてくれているのです。

なぜ何回聴いても聞き取れないのか、それには2つ理由があります。一つは音を認識できていないケース、そしてもう一つは単語や表現を知らないケースです。正しく書けなかった部分の原因が何であったかをまず確認して、さらに何回も聴きながらつぶやくのです。そうすることで、今後同じ音を聴く場合、間違えずに必ず聴き取れるようになることを約束します。

おすすめ本

『魔法のリスニング』 リサ・ヴォート著 Jリサーチ出版

get a が「**geda**」、**what are** が「**wa da**」のように聞こえるなど、「英語の耳づくりルール」として120個の発音ルールが紹介されています。このルールを頭に入れると、これまで聞き逃していた英語の音が、どんどん耳に入るようになること間違いなし。発音記号や難しいルールが一切ないので、読むだけでも参考になるはずです。CDの音声も「ゆっくり」に続けて「ナチュラルスピード」が流れるので、聞き取ってから英語でつぶやき、「ユダヤ式ディクテーション」をする余裕もあります。ゆっくりで一度止めてつぶやき、ナチュラルスピードのあとにつぶやいた英文を書き出す練習をしてみましょう。

相手の話は2倍の意識で聴く

ユダヤ式ディクテーションで精聴をして、ある程度英語に慣れてきたら、今度はいよいよ多聴の段階です。たくさん聴いて、たくさん話せるようになるための下地を作りましょう。ダニエルもそうですが、ユダヤ人はおしゃべりで本当によく話します。その白熱具合は、ユダヤ人同士が話すと口喧嘩《くちげんか》をしているように聞こえるほどです。

実際、討論といえばこんなことがありました。それは、ニューヨークの大学のとある授業でのこと。敬虔《けいけん》なユダヤ教徒であることを表すキパをかぶった男性が授業中にいきなり大声で教授に向かって質問を始めた場面に遭遇しました。100人くらいいる大講堂で質問したり、意見したりするのはアメリカでもじつは珍しい光景です。教室中の学生の視線が集まる中、後列に座ったそのユダヤ人男性は怒ったような口調で「あなたは間違っている！」と教授に向かってすごい迫力で議論をしはじめたのです。大勢人がいる中で議論をしかける人がいるとは夢にも思わなかった留学生のわたしは、一瞬何が起こったのか理解ができませんでしたが、あまりの迫力に「すごいなぁ」とただただ驚いた記憶があります。

そのような性格の人が多いからでしょうか、自己主張ばかりして相手の話を聞かないことがないようにと、この章の冒頭に挙げた戒めが格言として残されています。《人には口が1つなのに、耳は2つあるのはなぜか。それは自分が話す倍だけ他人の話を聴かなければならないからだ。それは話す2倍は聴きなさい、ということを神が教えてくれている》**会話を滞りなく進めようと思ったら、「話す」より「聞く」ほうに2倍の意識を置く**くらいでちょうどいいのです。

知人のユダヤ人によると、**多くの日本人は英語で会話するとき、話すのに精一杯で人の話を聞いていない**と言います。たとえば、アイコンタクト。相手の顔を笑顔でじっと見て、視線をそらさないのが英語圏の人と話すうえでは基本。ところが、日本人はうんうんと大げさにうなずくばかりで、視線をそらしっきり。ほかには、緊張からか相手の意見に対して自分なりのコメントを返さない。気を遣って、「昨日、浅草に行ってきたんだ〜」など日本人にとってツッコミやすいような前振りをしたにもかかわらず、相手は困ったようなほほえみを浮かべている……。どうでしょう、思い当たるところがありませんか？

もし、あなたが今英会話を習っているのなら、まず先にやらなければいけないのはリスニング。自分のペースでいくら話せても、テニスや卓球のラリーのように相手と会話のキャッチボールをするには、まずは正確に聞き取ることが不可欠です。とくに、グループで会話をするときに、ネイティブ同士の雑談のポイント（相手に一番伝えたいこと、相手に深くツッコんで聞いてほしい点など）がわからず黙ってしまう人が多いと聞きます。話のポイントを押さえて雑談を楽しむためには、全神経を集中して相手の話を聴くようにしましょう。「2倍の意識を養う」ためにも、先ほどお伝えした方法で精聴できたら、次は多聴を「ユダヤ式」でしてみましょう。

多聴の題材には、スクリプトが簡単に手に入る英語のニュースがオススメ。なぜなら、**ニュースだと毎日新しい情報が発信されるので、「多聴」の教材として飽きにくいからです**。また、次に挙げるように「英語でつぶやいて要約する」ということもしやすいのでオススメです。

知人のユダヤ人は、ニュースを後追いするようにつぶやきながら一通り聴いて（シャドーイング）、その内容を**英語一言で要約してつぶやく**というやり方でリスニング力を鍛えていました。イスラエルの高校の英語授業でも、読んだり聞いたりした内容を声に出して要約していたと言います。ニュースだと「どこで、何が起こって、どんな問題になっているのか」というのがわかりやすいので、この要約トレーニングに向いているといえるでしょう。ぜひみなさんも、ニュース英語を聴いたあとは、内容を一言でつぶやいてみてください。この**「要約を英語一言でつぶやく」トレーニングを重ねることで、相手の言わんとしていることを瞬時に頭の中で理解する力が磨かれます。**ニューススクリプトを見てつぶやいた内容と比較してみれば、どれだけ自分が正確に聞き取れているかも把握できます。

聴くときはなるべく声に出し、あとから追って内容をつぶやく「シャドーイング」をするようにしましょう。難しいようならスクリプトを見ながら音読してもいいと思います。とにかくリズミカルにつぶやくことを多聴でも意識してください。最初は2、3語の語句単位。慣れたら1文ずつ、さらに慣れたら3文……と順につぶやく量を意識的に増やしていきましょう。最後はスクリプトを見ずに、聴こえた音だけでつぶやいてみる。さらに放送が終わってから、先ほどの「つぶやき要約」ができれば、なお最高です。**According to the news~**「このニュースによると」から始めて、ぜひニュースの要約をしてみましょう。

おすすめポッドキャスト

「NHK WORLD RADIO JAPAN」　NHK(Japan Broadcasting Corporation)

「NHKワールド・ラジオ日本」の最新ニュースを17もの言語で聞けるポッドキャスト。アプリもあります。英語を選択して興味がありそうなニュースを一つ選び「ユダヤ式」でリスニングをしましょう。背景知識のある日本のニュースなら、知らない単語があっても前後関係から類推できるのはうれしいポイント。海外の英語ニュースほどスピードが速くないので音を追いかけながらつぶやくことも可能です。

海外では耳をこう鍛える！　超実践的英語耳トレ

露天商のダニエルは、よく人に話しかけて日本語を練習していました。「何をそんなに話しかけているの？」と聞いたところ、「なんでもいいんだ。『人がたくさんいますね』とか『いい天気ですね』みたいに、共感してくれそうなことを話すんだ。そういったsmall talk（雑談）からコミュニケーションは始まるよ！」と言っていました。

雑談でもいいので気軽に話しかけることで、英語のスキルを磨く――これは我々日本人がもっとも苦手とするところだと思います。わたしも彼を見習って外国人１００人に話しかける「度胸試し」をしましたが、最後のほうは話す内容がなくなり困ってしまったものです。当時わたしは10代で時間が十分あったのでそれができたのですが、住む場所によってはそもそも外国人を探すのが難しい場合もあります。

これはあるユダヤ人の知人から教わったのですが、海外でより効果的に実地訓練する方法が一つあります。それは、旅行先のホテルの従業員やバーテンダーに話しかけるという訓練。とくに**一流ホテルであればあるほど、お客様の要望に応えようと必死に話を聞いてくれるので、街角で現地の人に話しかけるよりも楽**にできます。シャイな方でも、少しお酒の力を借りてバーテンダーと会話を楽しめばいいと思います。そこでしっかりと相手から観光スポットやオススメのレストランなど現地の情報を聞き出す「耳トレ」をしてみましょう。

「海外旅行なんてなかなか行けない」という人は、英会話教室近くの外国人が集う喫茶店やバー、外国人向けのイベントなどに行ってみてください。「そこで全員に握手を求め、話しかけましょう」というのはハードルが高い！　と思いますので、周りの会話に耳を澄まして聴くだけでもいいでしょう。好きなお酒やコーヒーを飲みながら、耳を澄ましてみる。何回か通ううちに、顔見知りの外国人と話す機会も増えるかもしれません。日本在住の外国人の中には「日本人と知り合いになりたい！」と思っている人もたくさんいます。「日本語も英語も話せる友達になりたい」と思って、一緒に楽しめるモノポリーや人生ゲームなどのboard gameやポーカーなどのトランプをやれば盛り上がりますし、体を動かしながら英語を聴いて話す練習にもなります。

「なかなか外国人を見かけない」という人は、役所の掲示板などをチェックしてみてください。どんな街でも国際交流を推進している部署や組織があるはずです。また、外国人向けの情報雑誌に載っているイベントやMeetup(http://www.meetup.com/ja-JP/)、Couchsurfing(https://www.couchsurfing.com/)といった交流サイトに掲載されている情報をチェックしてみるのもいいでしょう。こうした実地訓練のときには、単にCDを聴くときよりも格段に体が動いているはずです。そう、実際に自分を英語だけの空間に移して、そして聴こえた英語をつぶやけば、「ユダヤ式リスニング勉強法」

の完成となるのです。耳が英語に慣れてきたという人はぜひ、実践の場でのリスニング訓練に進んでいきましょう。

おすすめ映画

『となりのトトロ』（My Neighbor Totoro） 宮崎駿監督 スタジオジブリ

外国人と会話する際の「話のネタ」も英語で取り入れておきましょう。日本語で内容を事前に知っているような映画はそれにうってつけで、とくにジブリ作品の英語版DVDはオンライン通販の「アマゾン」などで簡単に入手できるのでオススメです。見たことがないという人は最初に日本語吹き替え版で内容を確認してください。次に音声を英語に切り替えて日本語字幕を見て鑑賞する、そして最後に英語字幕を見ながら、というように同じ場面を徐々に英語の負荷をかけて見ればリスニング力も鍛えられます。そして見終わったら、内容を英語でつぶやいて要約してみる。事前に内容がわかっていれば、要約が正しいかどうかを確認するのも簡単です。

数ある映画作品の中でも、日本に住んでいる外国人が日本語を学ぶ過程でよく見ているのが『となりのトトロ』です。共通の話のネタとして英語で見てみましょう。

第6章

ユダヤ式リーディング力アップ勉強法

「読んでるときのわからない」をなくす！

読んだらもう忘れない！ ユダヤ人の文章の読み方とは

ユダヤの人々は、本当に読書家です。少し時間ができたら必ず何かしらの本を読んでいます。ダニエルも路上で立ちながら本を読んでいました。それも、よく見るとブツブツつぶやきながら体を左右に振って、指で文章をなぞりながら読んでいる……こんな独特のスタイルを最初に見たときは、ただただ驚くばかり。「みんな、そうやって本を読むの？」と聞いたところ、「うん。それに僕にはこのやり方が合っているからそうしている」と言っていました。わたしもまねしてその方法で本を読んでみると、たしかにテンポ良く読める気がしてきます……。そして、読んだ内容もしっかりと覚えているじゃありませんか！ いつも本を読んでは忘れてしまっていたわたしは、これにも驚いてしまいました。

ユダヤ人は子どもが歩きはじめ、話しはじめると「読み聞かせ」と「読書の指導」をスタートするのだそうです。その理由は、宗教上の伝統として読書の習慣があるから。知人のイスラエル人も、英語の語彙力はすべて読書によって身につけたと言っていました。そういった**「ものを読む」習慣が外国語習得の役に立つことは間違いない**

ようです。

ダニエルから教わった「指差し音読法」【精読】

「英語を速く正確に読むのにはどうしたらいいでしょうか？」

こんな相談を生徒さんから受けることがあります。

「逆にどうすればいいと思いますか？」と聞けば、「単語をたくさん覚えること」と答える人が8割くらい。どうやら、単語を覚えていればすらすら読めるようになると思っている人がたくさんいるようです。

たしかに、短い英文を読むことだけを考えると、単語や文法の知識が最低限そなわっていれば難なく読めます。それは、文を一つずつ丁寧に読めばいいだけだから。ただし、複数の段落（パラグラフ）で構成されているような長文を読むとなると、話は違ってきます。日本語の本だったらすぐ読めるような内容でも、英語になると3～4倍、いえそれ以上に時間がかかってしまうことだってあります。それなのに丁寧に読んでばかりいては、ただただ時間がかかってしまう。それればかりか前に読んだ内容は忘れてしまうでしょう。はたして、それで「読めている」といえるのでしょうか。

どうしたら「英語を正しく読む」スピードを上げられるのでしょうか？

ユダヤ人の「指差し音読法」にそのヒントがあります。

それは、**「指を動かす」「目で読む」「声に出して読む」**、**この3つを同時におこなう**という方法。つまり、手・目・口・耳をフル活用して読んでいくのです。

ダニエルもそうでしたが、**自分が読んでいるところを指差しながら音読してみると、驚くほど内容が記憶に残っている**ことがわかります。一見すると子どもっぽい読み方ではありますが、これは外国語をマスターするうえで大変有効な方法です。

ダニエルは椅子に座らないで本を読むときに、よくこの方法で英語の本を読むと言っていました。わたしも早速まねしてみると、リーディングでよくしてしまう「返り読み」や「読み飛ばし」がたしかに防げます。**左から右へ指でなぞりながらつぶやくことで、一語一語を丁寧に、そして英語の順番で読んで理解できる**ので、内容は今まで以上にわかっているのに、時間は全然かかりませんでした。

具体的にはまず人差し指や鉛筆、ペンなどを指示棒代わりに使い、文字の下をなぞりながら読み進めていきます。このとき、単語一つ一つを丁寧に指差していきながら、体でリズムをとるなどして文章を音読するようにしましょう。

最初はゆっくりでかまいません。音読するスピードに合わせて、指を先へどんどん進めていきます。

止まったり、戻ったりせずにとにかく指の動きに合わせて音読を進めてください。そうすることで「返り読み」を防ぎながら、どんどん「正確に」読むことができます。


この「ユダヤ式指差し音読法」には3つの効果があります。

まず、指先に集中して読むので読み飛ばしがなくなります。

さらに、指の動きに合わせて音読をするので、返り読みをすることがなくなって、その分スピードもアップするでしょう。

そして最後に、ささやき声で読むので、骨伝導で声が頭の中で大きく響き、集中力も高まります。


これはおもに幼児教育で取り入れられている手法らしいのですが、大人になっても実践しているユダヤ人はやはり勉強に貪欲で、ただただ「すごい」と思いました。

読む際はわからない単語はいちいち調べずに、印などをつけてあとで調べるなり無視するようにしましょう。読み返しをすることがなくなれば、読むスピードは格段に上がり、一度に音読できる量も増えるはずです。

では、どんなものを読めばいいのでしょうか。

できれば書店で手にとって自分が楽しめそうな本を数冊選んでほしいのですが、英語学習者向けに小説、童話、伝記などを簡単な表現に書き直した本がオススメです。IBCパブリッシングのLadderシリーズやPearson JapanのPenguin Readersなどが手に入りやすく、レベルも様々あるので選びやすいでしょう。理解度は70%くらいでいいので、指差し音読法で返り読みすることなく、スピードをつけて読むことを心がけてください。個人的に良かった作品は『Martin Luther King』(Penguin Readers, Level3)です。人種差別をされ、脅されたり、暴力をふるわれたりしながらも、黒人の平等のために暴力なしで闘った姿勢には勇気をもらえます。このような伝記や映画のノベライズなど、あらかじめストーリーを知っているものから始めると、内容がわかっている分だけ読むスピードは断然速くなります。ほかにも中学・高校のReaderの教科書(できれば朗読CDもセットで）で指差し音読をして楽しんでください。そしてその際はぜひ、「指差し」という動きに、「リズム運動」も加えられれば、脳はより強く記憶してくれることでしょう。

おすすめ本・アプリ

『Charlie and the Chocolate Factory』 Roald Dahl著 Puffin Books

ジョニー・デップが主演したことで有名な映画の原作にあたる児童小説です。表現が比較的易しいので初心者でも十分に理解できて楽しめるリーディング教材です。オーディオブックもあるので、音を参考にして抑揚をつけたり、主人公の気持ちになりきって「ユダヤ式指差し音読法」を実践したりすると、速く読めるだけでなく楽しさも倍増してくるでしょう。

「英語リーディングアプリ POLYGLOTS」 ポリグロッツ

「ニュース」「ビジネス」などの分野から、好きな英文記事を読めるニュースアプリです。毎日、通勤時間や隙間時間などに面白そうな記事を一つ、目を通すように習慣づけましょう。「1分間あたりに読むスピード」に合わせて英文を上から下へ自動スクロール表示することもできます。また、単語をタップすれば意味が確認できるので、辞書いらずで気軽に指差し音読できるのもうれしいポイントです。「ちょっと速いかな」くらいのスピードを維持して読み進めることができれば、達成感も味わえるでしょう。

英文には線を引かずにつぶやけ！「フレーズリーディング法」【速読】

英語を読むときは返り読みせず、さらに日本語に訳さないようにして読み進めてください。そのほうが、読むスピードも速いのですが、内容もより深く正確にとらえられます。

「速く読んだほうが正しく読める？」と疑問に感じた人も多いかもしれませんね。

まず、多くの人がやってしまう「日本語に訳しながら読み進める」という方法ですが、頭の中で訳せば訳すほど、読むスピードは確実に遅くなってしまいます。そして**日本語に訳しながら読むことで、内容理解もつられて遅くなってしまう**のです。たとえば

jeopardy「危険、危機」という馴染みのない単語に遭遇した場合、日本語に訳す癖がある人はいちいち意味を気にしてしまいます。逆に英語で考える癖があれば、単語の意味が正確にはわからなくても前後の文脈で「マイナスの意味だ」とイメージすることができるでしょう。「英文を正しく読む」にはそれで十分。とにかく日本語に訳さず、英語をそのまま読んで理解できるように訓練することが必要です。

指差し音読法で1単語ずつ音読することに慣れたなら、次は2〜6語くらいのフレーズ（かたまり）に意識を向けてつぶやく「フレーズリーディング」をおこないます。その際、日本語訳を考えないようにしましょう。

おそらくそう聞くと、多くの方が「スラッシュリーディング」という方法を想像するかもしれません。これは意味のかたまりごとに鉛筆などでスラッシュを英文に入れて、先頭から順に読んでいく方法です。この方法は昔からある学習メソッドですが、ユダヤ式のフレーズリーディングはこれとは少し異なります。

わたしも塾や予備校でこのスラッシュリーディングを指導したことがあるのですが、成績優秀な生徒が集まるクラス以外ではうまくいきませんでした。というのも、この方法をやるためには、そもそもある程度の構文や文法の知識が必要です。文法知識がなければスラッシュをどこで引いていいか迷ってしまいます。さらに、スラッシュリーディングは一かたまりごとに和訳して頭に入れていくので、かえって読むのが遅くなってしまう場合もあるのです。また、スラッシュをいちいち書く必要があるので、文が線だらけになってしまい、混乱してしまう生徒もいました。

そこで登場するのが、ユダヤ式フレーズリーディング。指差し音読法で一単語一単語を意識してつぶやいたら、今度は一度に2〜6単語のフレーズを一息で言えるように練習します（もちろん体を揺らしながら！）。フレーズとは2〜6語のかたまりのことで、それを一息で声に出してつぶやけるようにするのです。

意味的にどこで切れるかなど考えず、とにかく2〜6語ごとに丁寧に音読をしていく（名前や地名などの固有名詞は区切らずに）。慣れてくると1文まるごと一息で読むことができるようになるはずです。スラッシュリーディングだと無意識のうちに日本語に訳してしまうのですが、この方法だと一気にかたまりをつぶやくので、日本語に訳すひまもなく英語を読んだまま・つぶやいたまま理解せざるをえなくなります。

つまり、**「英文は日本語に訳さないと意味がわからない」という考えをこの方法によって捨てることができる**ということ。こうすることで、処理スピードが上がり、流れに乗って一気に英語を理解できるようになります。

一つ一つの単語ではなく2～6つの単語のかたまりを意識してスピーディーに音読しましょう。強弱をつけたり、リズムをつけたりして「ユダヤ式フレーズリーディング」をおこなうとより効果が上がります。思いっきり感情を込めて読むと脳により強く印象が残り、英語が理解しやすくなるのです。ぜひ音楽でリズムをとるように体を前後左右に揺らしながら脳に強く記憶させていきましょう。一度その方法で読み終わったら、通常のスピードでテキストを読み直してください。そうして内容が把握しきれなかったポイントが確認できれば、理解の漏れを防ぐことができます。

最初から完璧を目指すのではなく、「少し速いかな」と感じるくらいのスピードでフレーズリーディングをしましょう。窮屈に英文を読むのではなく、日本語で読むのと同じように楽しめればそれでＯＫです。

この訓練を積むと、次第に英文の即時理解ができるようになります。最初はフレーズごとに日本語に訳さないと意味がとれないかもしれませんが、大丈夫。はじめからすべてうまくやることを考えず、じっくり継続してみることがユダヤ式フレーズリーディング成功のカギなので、焦らずにまずは一つの教材に取り組んでみてください。

おすすめ本

『英語で読む日本昔ばなし【Book 1】』ジャパンタイムズ「週刊ST」編
ジャパンタイムズ

英語のフレーズリーディングに最適な教材がこの本。誰もが知っている話ばかりなので、親しみやすい英文ばかり。最初はフレーズの量を2単語ずつから始め、回数を重ねるごとにどんどんかたまりを大きくしていくといいでしょう。ゆっくりなスピードのCDがついているので、楽しく音読しながら取り組めます。登場人物ごとに声が変わるので、それを「ユダヤ式」でまねしながら楽しんでみましょう。

段落ごとにキーワードをつぶやけば読めるし忘れない！

「論説文など筆者の主張を説明するようなタイプの英文を速く読むにはどのように練習したら良いですか？」と質問されることがあります。TOEIC、TOEFL、英検、雑誌の記事、論文などで「難解に感じる」文にはじつは読み方があるのをご存じでしょうか。語彙力や専門知識などの周辺知識にも多少は左右されますが、じつは一度方法を知ってしまえば「こういったタイプの文のほうが読みやすい！」という人も出てくるくらい、難しい文章を読むのにうってつけのメソッドがあります。

ニューヨークの大学に通っていたとき、ユダヤ人のクラスメイトから「**段落ごとにキーワードをつぶやく**」という方法を教えてもらったのですが、当時のわたしにはこれがものすごく画期的な方法に感じられました。というのも、それをすると英文が速く読めるうえに、「覚えられるか！」と悩んでいた内容も忘れずに正確に把握できたからです。

経済学の授業の課題だったと思うのですが、週に課題図書を200ページ近く読まなければいけないことがありました。ほかの科目もある中、日本語の本でも1週間でそんなに読んだことがなかったわたしは、途方に暮れるしかありませんでした。そのとき、いつも授業中に鋭い発言をしているユダヤ人のクラスメイトに予習のコツを聞いてみたのです。すると、英語を母国語とするクラスメイトでさえ、大量の本や記事を読んだりするのは大変だということを正直に話してくれました。

それなのになぜ、クラスメイトは本質を突いた意見を発表できていたのか。そのクラスメイトが話すには、予習の際、段落ごとに要点をつぶやきながらメモにとり、そのメモを見てすぐ内容が連想できるように要点をつぶやきながら頭の中で整理しているとのこと。つまり要点を「つぶやきながら」メモをとり、さらにそのメモを「つぶやいて」アウトプットしていたのです。

授業中に筆者の考えや重要な点を発言したり、授業の宿題として課されるエッセーをすぐに書いたりできるよう、読む段階で「つぶやいて」準備をしていると聞いたときは、早く家に帰って実践したくてたまりませんでした。そんなわたしの気持ちに気づかず、続いて次のようなことも詳しく教えてくれました。

英語で書かれた論文は「序論・本論・結論」という形で構成されています。この構造を把握したうえで、キーワードを探します。

序論＝問題提起や主張
本論＝理論の展開や実験、具体例や論証による検証
結論＝まとめ、今後の課題、主張

序論であれば、「どんな問題提起がされているのか」「筆者の主張は何か」、これを見つけてキーワードをつぶやきながらメモします。そしてメモし終わったら、再度一言でつぶやいてまとめてみましょう（できれば体を揺らしながら！）。たとえば **The author says that~**「筆者は〜だと言っている」という具合に簡潔につぶやきます。

本論は、「何に対しての具体例か」「どんな検証がされているのか」「序論に対してどう意見が展開されたのか」に注意して追っていきます。そして具体例や検証は序論に対してどのような意味を持っているのかをまとめて、それをつぶやいてみます。

そして結論。序論に対して、どんな結論を出したのか。そして今後は何が課題とされるのか。「筆者は結論として何が言いたいのか」を一言でつぶやけるようにキーワー

ドを見つけます。

もちろん、これには慣れが必要ですが、安心してください。**英語で書かれた文には一つの段落には必ず一つの主張が含まれています**。そしてそれは段落の最初か最後に書かれているケースがほとんど。それを冷静に読み取って、キーワードをつぶやきながら書いて整理し、要点を英語でつぶやいてみるのです。

たとえば、**This paragraph is written about~**「この段落は~について書かれている」、**This paragraph shows~**「この段落は~を示している」、**This paragraph explains~**「この段落は~を説明している」と段落ごとにつぶやいていくだけでOKです。そうすると筆者が何を言わんとしているかが整理できて、理解度が格段に増すことでしょう。さらに、**体を動かしながら要点をつぶやくことで、キーポイントを脳がしっかり記憶してくれる**ことも期待できます。

段落ごとにキーワードをメモにとり、要点をつぶやくことで、大事なポイントを忘れることなく論理的に英文を読むことができるようになります。まずは論文形式の文章で訓練を重ねて、すばやく正確にキーワードをつかめるようにしていきましょう。

おすすめ本

『Reading Power』シリーズ　Linda Jeffries & Beatrice S. Mikulecky著　Pearson Japan

リーディングの技能を体系的に習得できるよう構成されているのが、この『Reading Power』シリーズ。日本語に訳していくことなく段落構成を理解し、そしていかに戦略的に読むかにフォーカスした、語学学校などで使われる教材です。内容の予測（Previewing）、トピックの見つけ方（Finding Topics）、メインアイデアの把握（Understanding Main Ideas）、パラグラフ構造の理解（Identifying Patterns of Organization）、必要な情報のすばやい拾い読み（Scanning）、全体の概要をつかむすくい読み(Skimming)などのリーディングの技術を一つ一つ練習することができます。シリーズはBasic Reading Power, More Reading Power, Advanced Reading Powerなどレベル別に分かれているので、自分に合ったレベルの教材を選んで、要点を体を揺らしながらつぶやいてみましょう。

第7章

ユダヤ式スピーキング力アップ勉強法

英語が伝わる超シンプル術

ユダヤ人は超おしゃべりで超伝え上手

第5章でも述べたようにユダヤ人は本当によく話します。アメリカに住んでいるとき、カフェが併設された書店でわたしはよく勉強していましたが、ユダヤ人の老人がやってきては「何を勉強しているんだい」「本を見せてくれないかい」「お、これは日本語だね」とよく英語で話しかけられたものです。まず質問で会話のきっかけを作り、わたしがそれに答えると次のように説明してくれました。「わたしはハンガリーからこちらに来て40年になるよ」「わたしはアジアの歴史の中でもとくに日本の江戸時代の歴史が好きだな」「わたしがもともと話す言葉はハンガリー語、ほかにも少し変わったイディッシュ語という言葉も話すよ」と日本人のわたしにもわかりやすい表現を選んで話してくれたものです。

あなたが誰かと話しているとき、どんなことを意識していますか？

日本人は「初対面の人にはそこまで言わなくていいかな」と言葉を濁したり、「こんなこと相手は多分知っているだろう」と勝手な解釈をしたりしがちです。ところが、ユダヤ人はつねにわかりやすく説明できるようにシンプルな言葉を選び、言葉を濁すことなく相手に伝えます。たとえば、自分の仕事は何か、会社での役割は何か、その仕事が相手にどんな利益をもたらすのか。ビジネスの場においても、自分が伝えたいこと・相手が欲していることをはっきりと的確な言葉で表現しているからこそ、世界を席巻《せっけん》するアイデアを生み出しつづけられるのです。

ダニエルもよく人に話しかけていました。露天商なので、商売的な都合もあるかもしれませんが、外国語である日本語で気さくに道行く人と雑談していた光景をよく目にしました。耳をそばだてて聞いてみると、その表現はシンプルで難しい言葉を使っていないにもかかわらず、妙に説得力があります。シンプルな表現でも本質をとらえていたのです。

「英語を話せるようになりたい！」という人は多いと思いますが、どうせ話すのなら「たどたどしく」よりも相手に伝わりやすい話し方を習得したいところ。

どうしたらわたしたちも、外国語をシンプルで、かつわかりやすく話せるようになるのでしょうか。その秘訣《ひけつ》がユダヤ独特のスピーキング力養成方法にあります。

「偉人のスピーチ」より「よくある話」のほうがグレイト!

I have a dream... で始まるキング牧師のスピーチを暗唱した経験はありませんか? 学習塾で教えているとき、中学生たちが一生懸命このスピーチを暗唱しているのを見たときは懐かしく感じたものです。

ノーベル賞受賞者も多く、偉人を讃《たた》える傾向がありそうなユダヤ人はどうなんだろうと思って、知人のメイに聞いてみました。

すると返ってきた答えは意外なものでした。

「**英語の授業で偉人のスピーチを暗唱したことは一度もないわ。** 学校では、授業中に自分に関することを作文して、文法ミスなどを直されたものを暗唱しただけ」

この答えには驚きました。というのも、ユダヤ人の宗教家は聖書の中の偉人をヒーローのように讃え、聖書の中のエピソードを何も見ずに語るので、それと同じように偉人のスピーチも覚えているものだと勝手に思っていたからです。ただ同時に、「偉人のスピーチはたしかにモチベーション維持には役立つけれど、たくさん詰め込んだり覚えたりするのは大変じゃないか?」と長年疑問に思っていただけに、メイの話を聞いて少しだけ安心しました。

ユダヤ人は英語の新しい単語、熟語、フレーズなどを覚えるとき、自分専用の例文を作ります。もちろんこれには基礎的な文法知識が必要ですが、ある程度学習が進んだら文法書などに載っている例文を自分の例に置き換えて、面白い例文にしたり、印象深くなるよう自由に単語を組み替えたりして覚えるそうです。これなら偉人の言葉を丸暗記するよりも、実用的ですぐに使えそうですよね。


英語を話せるようになるためには、シンプルなパターンをしっかりと使いこなせることが何より大切。「シンプルなパターンを使いこなす」とは、「高校1年生までに習った英語の型をすばやく単語を入れ替えて使えるようになること」だと考えてください。まずは例文などを「ユダヤ式」につぶやいて英語の型を脳に定着させ、条件反射的に使えるようにする。そしてほかの表現や単語をそこに組み込んでいく。それを積み重ねて、初めて自分の意思を自由に表現できるようになるのです。

まずは次に説明する5つの基本表現のパターンで英語が話せることを目標にしましょう。この5つは日常的に本当によく使う表現ですので、まずはここからマスターしていただきたいと思います。

1　依頼する
2　許可を求める
3　自分の意向を伝える
4　感謝する
5　お詫《わ》びする

1　依頼する

Could you give me a discount?　「値引きしていただけますか」

bring an extension cord to our room?「延長コードをわたしたちの部屋まで持ってきてもらえますか」

finish this report by tomorrow?「明日までにこの報告書を終わらせてもらえますか」

make a reservation for the flight to L. A.?「ロサンゼルスまでの飛行機の

　予約をしてもらえますか」

よく言ってしまいがちなのですが**Please give me a discount.**や**Can you give me a discount?**といった表現だと命令口調になりかねないので注意しましょう。

Can you~?の代わりに**Could you~?**を使うことによって「もし可能だったら~できますか」というように、丁寧度を増すことができます。**助動詞を過去形にすることによって、直接的な表現ではなく、一歩引いた表現をすることができる**というわけです。

ぜひ「依頼するときは丁寧に」を合い言葉に、例文を体を動かしながらつぶやいて、脳に定着させてください。

2 許可を求める

Could I get a cup of coffee?「コーヒーをいただけますか」
take a photo?「写真を撮ってもいいですか」
sit here?「こちらに座ってもよろしいでしょうか」
come with you?「ご一緒に伺ってもよろしいでしょうか」

Can I~?「わたしに～できますか」という表現もよく使いますが、言葉遣いに厳しい人は丁寧な表現を好みます。たとえば子どもが **Can I~?** と言うと **May I~?** や **Could I~?** と言い直すよう親が叱ることがあるほどです。外国人のわたしたちは、英語のニュアンスを完全に把握するまではなるべく丁寧な表現を心がけましょう。

3 自分の意向を伝える

I'd like to ask a question.「質問したいです」
have a little break now.「今、少し休憩したいです」
cancel my order.「注文をキャンセルしたいです」
leave a message.「伝言を残したいです」

would like to~ はとても便利な表現なのですが、**would** という助動詞のニュアンスがわかりづらいため、積極的に使おうとする人はあまりいません。しかし、**would** には「～してくださいませんか」という丁寧さを加える性質がありますので、気持ちを伝えるときにはぜひ、**would like to~** と丁寧な表現をするよう心がけましょう。

4 感謝する

Thank you for your time.「お時間をありがとうございます」

coming today.「今日は来てくれてありがとう」

your e-mail.「メールをくれてありがとう」

the productive meeting.「有意義な会議をありがとうございました」

「感謝」は英語圏ではつねに大切にされている習慣で、上司が部下に「よろしくね～」と何気なく声をかけるときでさえ、**Thank you** としっかり感謝の意を伝えます。とにかく、会話の最後や途中には **Thank you** と感謝を示し、できれば **for** と何に対しての感謝なのか、理由を続けるようにしましょう。

5 お詫びする

I'm sorry for interrupting you.「お邪魔してすみません」

that I couldn't come.「来られなくてごめんなさい」

about the other day.「先日はすみませんでした」

to hear that.「それを聞いて残念です」

「英語圏の人は謝らない」とよくいわれますが、それは大間違い。自分に非があったときは、言い訳せず、素直に謝罪をして自分の気持ちを示しましょう。

sorryのあとには前置詞や**that**節など様々な語句・表現が来ますので、よくある表現をまずはつぶやいて押さえましょう。事を荒立てないためにも、しっかりと謝れるようにしておくのをオススメします。

まずは、ここに掲出した例文を「体を揺らしながら」つぶやいてみましょう。そして、この5つのパターンでそれぞれどのくらい文が作れるか、試してみてください。そのときは文字には起こさず、口でつぶやくことを心がけてください。

一つのパターンにつき5文ほど自分の文を作ることができたら、その25文をそれぞれ5回ずつつぶやいて、条件反射のように口から出て自由自在に使えることを目指しましょう。偉人の言葉を覚える時間があったら、ユダヤ人のように自分がよく使うフレーズを習得したほうが、より現実的だといえます。

おすすめアプリ

「Real 英会話」　LT Box Co., Ltd.

「あいさつ」「食事の席」などシチュエーション別に役に立つフレーズを音声つきで学べるアプリです。フレーズの前後に、本番さながらの会話文もつくので具体的なやりとりが想像しやすいのが特徴。フレーズをリクエストすることも可能なので、自分好みに日々アップデートして、「ユダヤ式」につぶやいてモノにしていきましょう。

とにかく「シンプル」に伝えたもの勝ち

英語で会話をするとき、「話す」ことを過度に意識してしまい、「とにかくなんでもいいから話を続けてしまおう」という発想になっていませんか？　英語はコミュニケーションツールです。相手に自分の言いたいことが正確に伝わってこそ初めて成り立ちます。ゆっくり言葉を選びながら堂々と話したほうがその人らしさも相まって、相手があなたの言うことをより理解してくれることだってあるでしょう。

天才物理学者のアインシュタインの言葉に「6歳の子どもに説明できなければ、理解したとはいえない」というものがあります。英語でも同じことがいえるでしょう。**いろいろと難しい英単語を知っていたところで、ネイティブスピーカーの6歳の子どもにその意味が説明できなければ、その単語を使えているとはならない**のです。

ユダヤ人男性に日本語を教えていたときにこんなことがありました。「〜したい」という日本語を教えていたときのことです。その男性は「わたしはもっと日本語を習いたい」「もっと日本のことを知りたい」「いろんなところに行きたい」と習った表現をすぐさま使い、3文でしっかりと話してくれました。おそらく彼が言いたかったのは「わたしは日本のことを知りたいし、いろんな場所に出かけたいのでもっと日本語を習いたい」ということでしょう。でもシンプルな3つの文を続けただけでも、彼の言いたいことはしっかりと伝わってきました。「つねに一番伝えたいことを考えるようにする」という彼なりのモットーがあったようで、日本語の上達スピードものすごく速い。**「つねに一番伝えたいことを考えるようにする」、英語学習でもまさしくこれが大事。**伝えたいことを最短で伝えられるのが、英語を話すうえでも一番いいですよね。

ところが、全員が最初からそういう考えを持っているかと言われるとそうではありません。

たとえば、「コーヒーが飲みたい」ということを伝えたい場合、日本語ならどう言いますか？　少し時間をとって、考えてみてください。

「コーヒーをお願いします」「コーヒーもらえますか」「コーヒーを注文したいです」「コーヒーが飲みたいのですが」……という感じで、いろいろな表現を思いつくかと思います。これが英語となると、もっとあれこれ考えてしまう。表現が多ければ多いほど、結局どれを使えばいいのか絞れなくなってしまうのです。「ここは疑問文にしたほうがいいかな」「動詞は何を使えばいいのだろう、**give** かな **serve** かな」「**please** はつけたほうがいいかな」……とあれこれ悩んでしまうので、話せなくなってしまうのです。

そんなときはまず、「一番伝えたいことは何だろう？」と考えるようにしましょう。すると、先ほどの5つの基礎パターンに戻るというわけです。

要は「コーヒーが飲みたい」ことを伝えられれば良いので、**I would like to have (a) coffee.** として、英語のシンプルパターンに合うような形にしてしまえばそれでＯＫなのです。

「何かをしたい」という場合は I'd like to~ の表現のみしか使わない。それ以外は使わない。そのくらいシンプルに考えることが伝える技術を上げるコツといえます。

気まずい空気は「パラフレーズ」で脱出する！

シンプルに伝える方法として「パラフレーズ（言い換え）」というものがあります。実際、説明上手なユダヤ人は、よく似ている例を使ってわかりやすく伝えようとします。もしくは少し面白みを足したいときなんかにもパラフレーズを使います。ほら、これまで登場した格言にもパラフレーズがいっぱい見られますよ～。

たとえば、あなたが今「ウツボ」という魚を説明したいとき、どうやって説明しますか？　ウツボは英語で **moray eel** といいますが、正直なところ、この単語がわかる方はほとんどいないと思います（ネイティブの方でも、大の魚好きでもなければ、英語で言われてもわからないかもしれません）。そんなときはパラフレーズを使って、知らない単語を説明してみましょう。

「ウツボ」のようなパラフレーズを作るには次の2つの方法があります。

一つ目は「**説明する言葉の特徴をとらえて言い換えをする**」方法です。今回の例ではウツボですので、どんな特徴が挙げられるか、まず想像してみてください。ウツボは「長い」「大きい」という特徴があります。そこで、その特徴を知っている単語に加えてみます。すると、**long fish**「長い魚」と言ったり、**big eel**「大きなウナギ」とシンプルに言うことができます。このように、特徴を付け加えるだけで立派なパラフレーズを作ることができるのです。

もう一つの方法は**like「～のような」を使って、似ているもので例を示す**方法。たとえばウツボは蛇に似ているので、「蛇みたいな～」というように例を付け加えます。するとfish **like a snake**「蛇みたいな魚」などと表すことができます。この方法であれば、語彙力に自信がなくても、身近な単語をたとえに出すことでスムーズに説明ができるというわけです。

そしてこの2つのパラフレーズ作成術を組み合わせると、より表現力が増します。「特徴」と「たとえ」を同時に使うのです。先ほどのウツボの例でしたら、**long fish like a snake**「蛇みたいな長い魚」と、「特徴」と「たとえ」を組み合わせることができます。「特徴」と「たとえ」を同時に使うことで、より詳細に言いたいことを表せるというわけです。

ところが「ウツボ」のような名詞以外だと、どうしたら良いのでしょうか。

たとえば、あなたが「ヨガを練習する」と表現したいときに**practice**や**train**など動詞の選択に迷ったとします。でも会話相手はすぐ目の前にいるので、すぐ返答しなければいけない。そんなとき、迷うくらいならこう言ってしまいましょう、**do yoga**と。

つまり、**動詞で迷ってしまうようなら、do「～する」という動詞で置き換える**。さっきの場合なら**do yoga**としてしまえば良いのです。

ほかにも「心地良い風」と言うときに、心地良いという形容詞に迷ったとします。

□パラフレーズ作成術

①名詞に迷ったら……
・特徴をとらえて言い換える
　例）**long fish**「長い魚」（≒ **moray eel**「ウツボ」）
・**like**を使って似ているものでたとえる
　例）**fish like a snake**「蛇みたいな魚」（≒ **moray eel**）
・上2つのコンボ
　例）**long fish like a snake**「蛇みたいな長い魚」
②動詞に迷ったら……
・**do**で置き換える
　例）**do yoga, do lunch, do soccer**
③形容詞に迷ったら……
・**good/bad**で言い換える
　例）**good atmosphere**「快適な雰囲気」、**a good lesson**「教訓」
　例）**bad weather**「あいにくの天候」、**bad time**「不景気」

「そもそも『心地良い』って英語でなんて言うんだっけ？」「**comfortable**、**pleasant**、それとも**refreshing**かな」といろいろと迷うような場合は次のようにします。**プラスの意味ならgood、マイナスならbad**。こんなふうにユダヤ人みたくシンプルに考えるだけ。たとえば「快適な雰囲気」だったら「**good atmosphere**」、「あいにくの天候」だったら「**bad weather**」としたらいいのです。あなたの選択肢は次の2つ。目の前の人との会話を気楽に楽しむか、それとも恥をかいてしまうのを恐れるか。あなたもユダヤ人のように恥を恐れず、シンプルな表現で、かつわからない単語や表現も「特徴」と「たとえ」を使って伝えることで、より会話を楽しめるでしょう。

おすすめ本

『同時通訳が頭の中で一瞬でやっている英訳術リプロセシング』　田村智子著　三修社

通訳者がよく使う日本語の「リプロセシング（再加工）」技術が学べます。直訳ではなく、生きた英語を使えるようになるための考え方を身につけることができる一冊です。おもにビジネスで使われる言い回しが100フレーズ掲載されていますので、ぜひ「ユダヤ式」につぶやいて脳への定着を図ってください。

独り言をつぶやいて「英語の壁当て」をする

ユダヤ式スピーキング力アップ法の一番手軽な方法として、**「独り言トレーニング」**というものがあります。これは、ユダヤ人のつぶやき癖を英会話トレーニングに応用した練習法です。

これまで述べてきたように考えごとをするときや語学の練習をするとき、ユダヤ人は独り言をずっとつぶやいています。わたしが日本語を教えていた先ほどの生徒は、教わったその瞬間にもう独り言をつぶやいて練習していたぐらいです。

「英語を話したいけど、外国人が近くにいない」

「普段、英語を使う機会があまりない」

こんな、よくある悩みを抱える人も、この方法なら英語をアウトプットしてスピーキングのコツを脳に染み込ませることができます。

ダニエルも独り言をブツブツと言って日本語を練習していました。内容に耳を傾けると、「なぜ日本に来たか」「イスラエルと日本の違い」「今後どうするのか」というような内容のこと。おそらく、彼自身その質問によく答えていたのでしょう。ブツブツととにかく独り言をつぶやいて日本語の練習をしていました。

これは大変効果のある練習法だと思います。家にいるとき、電車を待つ間、家事の合間、仕事や学校の行き帰りなど別にすることがないときに、簡単な単語や文章でいいので、独り言を英語でつぶやいてみてください。

「今日はいい天気だなぁ」

「渋谷にはたくさん人がいるなぁ」

「道を歩いて会社に向かっているところ」

「通勤電車はいっつも混んでる」

「今日は富士山をきれいに見ることができそう」

など、1文でもいいから、**どんどん思ったことを英語でつぶやいてみる**のです。

慣れてきたら、英文を3文、そして5文くらいに増やしてみる。「うまく言えないなぁ」と思っても、パラフレーズ法を用いたりしながら何かを言ってみる。そうやって英語の独り言をひねり出すのです。

この「うまく言えないなぁ」「もどかしいなぁ」という気持ちが成長にとても大事。「もどかしさを解消したい」という思いが、インプットをするときの質の向上にもつながるのです。

できることなら、歩くなどのリズム運動に合わせて独り言をつぶやいてみましょう。リズムに乗ってリラックスした状態で、頭に浮かんだことを口にする訓練です。

わたしが普段指導している塾でもこの方法をオススメしていますが、「恥ずかしい」という人もたくさんいます。もし他人の視線が気になるのなら、リスニングの章でも言及したように、マスクをして「ゴニョゴニョ」する。または声を出さずに「口パク」して、心の声で叫んでみるだけでもOKです。できる範囲でしっかりと口の筋肉を動かしてつぶやくと、より脳は記憶してくれます（もちろん声に出せば、音という刺激も加わるので、もっと効率良く脳に定着します！）。

「知っている表現の中で、どの表現だったら一番シンプルに伝えたいことを言えるのか」と発想を変えるのがユダヤ式。

試行錯誤しながら、「知っている」「シンプルな」表現を何回も何回も独り言で練習していると、それが自信に変わって「いつか試してみたい」という気持ちが湧いてきます。そうして練習する期間が長ければ、その機会が訪れたとき、「間違えたら恥ずかしい」という気持ちはなくなるはずです。

相手と話すとき大切なのは、外国語のレベルではなく話の中身。緊張して硬くならずに気持ちを素直に、そしてシンプルに伝えるだけなのです。そのためには**普段から英語で思っていることをどんどん口にすれば、シンプルに伝える技術は向上します。**

コミュニケーションはテストではありません。リラックスして、伝えたいことが相手にシンプルに伝わる、そうやってお互いにいい時間を一緒に過ごせればそれでいいのです。

おすすめ本

『【完全改訂版】起きてから寝るまで英語表現700』
吉田研作監修　荒井貴和、武藤克彦執筆・解説　アルク

「携帯料金のプランってわかりにくい」といった、心の声を表現するフレーズが盛りだくさんの一冊。タイトル通り「起きてから寝るまで」の日常生活のフレーズが満載です。とくに「体の動き」や「心のつぶやき」をすべて英語にする独り言トレーニングにはうってつけ。通勤、家事、外食などの日常シーンが10章にわたって紹介されています。「デザートは別腹だよ」など、日本人が普通に言いそうな「英語に訳しづらい」

セリフが満載なので、「たしかに英語でどう言うんだろう？」という感じで「英会話あるある」を楽しめる一冊です。

英語で「話させる」スキルを磨く

「こちらから質問するばっかりで、日本の生徒さんはリアクションや質問をしてくれない」ユダヤ人英語講師のメイがこう嘆いていました。

そんなユダヤ人の考え方を象徴する、こんな逸話があります。

ある男がユダヤ人に尋ねました。

「ユダヤ人はどうしてそんなによく質問するのだ？」

ユダヤ人はこう答えました。

「どうして質問してはいけないのだ？」と……。

ユダヤ人は伝統的に質問することを推奨してきました。何事も自明なこととせずに、少々的外れでもいいから質問することを小さいころから訓練されてきているのです。だから何でも気軽に質問することを恐れません。そんな性格も手伝ってか、質問に関する格言が多いのもほかの民族とは大きく異なる点でしょう。「**成功するためには質問することが何よりも大事**」その重要性をユダヤ人は受け継いできたといえます。

ところが、わたしたち日本人には質問下手な人があまりにも多い。

英会話を学ぶ生徒さんの多くは、質問するどころか、自分のことをとにかく一生懸命話そうとします。そんな姿を見て、メイは相手にリアクションや質問をする余裕がないように感じたようです。「会話が楽しくなさそう」「あまり話しかけないほうがいいのかしら」、メイがこう思ってしまったのも無理はありません。

また、そんなときよくあるのが、自分の話をしばらくすると突然ネタ切れになったり、話が続かなくなったりしてしまうということ。これは、みなさんも一度は経験されたことがあるのではないでしょうか？

会話とは相手のコメントに対して、自分の意見を付け加えたり、もっと詳しく聞いたりすることで成り立つものです。メイが言っていたように、日本人は英会話の中でリアクションしたり、質問したりすることがあまりにも少ない。それでは、相手と話が続かなくても当然です。

ダニエルもそうですが、ユダヤ人には質問魔が本当にたくさんいます。興味を持ったことに対して容赦なく質問して追求してくるのです。「それはなぜだ」「なぜそうなるのだ」とすごい形相で質問してくるので、最初はビックリするかもしれません(たとえば、日本のスーパーでカイワレ大根を見て、「これはブロッコリースプラウトとどう違うのか」と大まじめに質問してくるように)。

聖書に書いてあることや、権力者に対しても疑問を持ちつづけ、押さえつけようとする力につねに抗《あらが》ってきたユダヤ人。そんなユダヤ人の格言に《良い質問は、良い答えにまさる》とあるくらい、良い質問をすることがユダヤ人の間では推奨されているのです。**たくさん質問をしたら相手からより多くの情報を聞き出すことができ、その答えなどからキーワードを見つけることができます。そのキーワードを会話の糸口とし、さらに会話に弾みをつけることができる**と、彼らは代々教え継いできたのです。

独り言トレーニングをしばらく続けると、たしかに英語が継続的に話せるようになります。それも英文3文や5文の内容でしっかりと相手に伝えられるようになるのです。ただ、それに慣れすぎてしまうと、相手にコメントや質問することを忘れてしまうので、実際の会話では次のことを意識する必要があります。

1 相手の話にしっかりリアクションする（相手の反応を見る）

2 相手の話のツボを探す（どういうことに興味があるのか）

3 相手の興味に合わせて質問する

知人のアメリカ人が言っていた話ですが、日本人と日本語で会話をするときは「血液型」の話を必ずするそうです。というのも、日本人は血液型性格分析が好きな人が多く、この話を持ち出すと嬉々《きき》として日本人は話し出すというのです（外国人には自分の血液型を知らない人がたくさんいます）。

質問することに加えて、このように相手が反応しやすい話題を普段から探す癖をつけておけばネタ切れも防げるのではないでしょうか。日本に来た外国人が相手だったら「観光スポット」や「日本文化」についてなど、相手の反応を見ながら質問してみましょう。すると自分から話さなくても、相手が気持ち良く答えてくれて会話が成立するはずです。上手に話すことも大切ですが、相手に気持ち良く話させることも、ユダヤ人たちが重宝しているように「大事な会話のスキル」なのです。

おすすめ本

『世界一やさしい　すぐに使える英会話超ミニフレーズ300』　山崎祐一著　Jリサーチ出版

相手のコメントに対して、すぐさまリアクションがとれるようになるのにうってつけの本です。**Why not?, Exactly, Absolutely** などたった数語でもリアクションとして使えるものばかりを掲載しているので、声に出して練習することで「こう来たらこう」というパターンを身につけることができます。使い方のヒント、類似表現、使用シーンの例、そして発音方法なども記載されており、こうした表現が生まれた背景も説明してくれているので、丸暗記ではなくしっかり「理解」して覚えられます。

エレベーターで自己紹介するとしたら？

「エレベーターピッチ」（elevator pitch）という英語の表現を聞いたことはありますか？

エレベーターに乗るような短い時間（約30秒）でわかりやすく自分自身や商品を売り込むことを意味し、とりわけ短い自己紹介のことを指して使われます。ダニエルもそうですが、ユダヤ人はこのエレベーターピッチが上手なことで有名です。初めて会った人に短い時間で強烈な印象を残し、もっとこの人と話してみたいと思わせるのが本当に上手。とくに一生懸命、外国語でジョークを言ったりして壁をとっぱらい、初めての人でも仲良くなれるところはすごいと思いました。

ダニエルはよく、「僕はダニエルです。イスラエルから日本に来てふらふらしています。日本語がうまく話せませんので、教えてください」と上手な日本語で言っていました（笑）。

こんなふうにフレンドリーに話しかけられたら、どうですか、話してみたくなりますよね？　こういった自己紹介が、スムーズに会話を始めるうえでは求められます。

そう言うと、「ジョークとかは苦手で……。ジョークは絶対話さなければいけませんか？」と聞かれてしまいそうですね。

もちろん、「ジョークは絶対！」というわけではありません。

ユダヤ人たちは「100の説得よりも1の笑いのほうが効果的である」ことを知っているので、ジョークを使っているだけ。ここでいうジョークとは、その国の文化に根ざした、権力者を批判したり揶揄《やゆ》したりする表現を指しています。ですので、「布団がふっとんだ」だとか、「隣の家に囲いができたんだってねぇ。へー」のようなダジャレはジョークではありません。

ユダヤ人たちは自分たちが虐待や差別をされても、権力者を揶揄することで自分たちの境遇を笑い飛ばしてきました。それを発展させて、パーティーなどの「つかみ」として、ジョークを言うのです。一番有名なユダヤ式ジョークに、「ユダヤ人の鼻が大きいのはなぜか知っているかい？　それは空気がタダだからだよ」というのがあります。つまりこれを言うことで「あなた、こういうふうにわたしたちのことを思っていませんか？」と知的な先制口撃をしかけているのです（「ユダヤ人はケチだから金持ちだ！」と嫉妬している人はたくさんいます）。

良くも悪くも欧米流のジョークというのはそういうものです。だからといって無理してジョークを言う必要はありませんが、少なくとも相手に興味を持ってもらえるような自己紹介をするように心がけたいものです。ユダヤ人のみならず、欧米人は自分を表現することがいかに大切かを小さいころから教育され、またそれが生活習慣に根ざしています。バスの中であろうと周りを気にせず自分のことや家族の話をするし、周りもそれを気にしない。なので「これを言ったらダメかな？」と躊躇《ちゅうちょ》したり迷ったりすることなく、自分が正しいと思う意見を述べることができます。

彼らのように自信を持って会話を進めていくためにも、堂々と簡潔に自己紹介ができるよう普段からつぶやいて練習し、脳に覚えさせる必要があるのです。

では、初対面でどんな自己紹介をすればいいのでしょうか？

やはり「名前・職業・好きなこと」、この3つは鉄板です。

最初に名前ですが、**英語圏の人からすると日本人の名前は覚えにくい**ということをまずは頭に入れてください。たとえば、Saoriという名前だったらSallyと音の似ている欧米人の名前に置き換え、**Call me Sally.**「サリーと呼んでください」と付け加えれば、相手はすぐ名前を覚えてくれます。あだ名を自分で決めて、相手に「そう呼んでね！」と伝えるのです。

「どうしても自分の名前をきちんと覚えてほしい！」という人は、音節ごとにゆっくり発音することを心がけてください。たとえばわたしですと、NA-O-SHI と音節ごとに発音します。ただ、それでも普段はあだ名で呼んでもらったほうが距離は縮まります。たとえばわたしの場合ですと、Naoshi という音は発音しづらいので Nao か Nayossy と呼んでもらっています。任天堂の「スーパーマリオブラザーズ」が世界中でヒットしたため、Naoshi は発音できなくても、Yoshi（ヨッシー、緑の恐竜みたいなキャラクター）は発音できるのです。ちなみにイスラエルの有名なサッカー選手に Yossi Benayoun（ヨッシ・ベナユン）という選手がいるので、イスラエル人には Na-Yossi と名乗るようにしています。

また、自分の名前の由来を軽く説明するだけで、より強く印象に残すこともできます。じつはこれ、日本人にはかなりオススメで、**欧米人からすると「日本人の名前の由来」はかなり興味深い**というのです。というのも、欧米人の名前の多くが聖人から名づけられていたり、好きな有名人などの名前からつけられていたりするのであまり深い意味がないのです。相手がユダヤ系の人であれば、彼らの苗字《みょうじ》は花や職業に由来しているケースが多いので、その話題で盛り上がることができるでしょう。

日本人であっても苗字で相手の心をつかむことは可能です。たとえばあなたが佐藤さんだとします。日本語でも「佐藤」と音だけ聞けば、「砂糖」をイメージする人は多いですよね。それをジョークっぽく話してみても面白いでしょう。**Sato means sugar in Japanese. I am sweet just like sugar.**「佐藤は日本語で砂糖です。ちょうど砂糖のようにわたしは優しいのです」こんなふうにいろいろ言ってみて反応を楽しんでみましょう。そして、反応のいい自己紹介を自分の定番パターンとすればつかみには困りません。

次に職業を紹介します。多くの日本人の自己紹介を聞いていると、職業は専門的に話しすぎてしまうので注意が必要です。たとえば、「交通・制御システムのエンジニアをしています」と説明しても、何をしているか一般の人だとわかりません。「電車が遅れたらわたしのせいかもしれません。というのも、わたしは電車のダイヤや旅客案内などを管理するシステムを担当していますので」と一般の人でもイメージしやすいように話すのです。これは日ごろから自分の仕事を小さい子どもにも細かく説明できるかどうか考えておくことで準備ができるでしょう。

もちろん、学会などで自分と同じ専門分野の人に自己紹介をする場合は、状況が違います。ただ、その場合でも「自分の従事している仕事はほかの人とどう異なるのか」「どんなことを専門にやっているのか」というのがわかりやすく伝わるよう心がけましょう。つまり、**自己紹介での「仕事」の内容は「自分らしさ」をアピールするところ**だと思って話すように努めるのです。すると相手の興味もどんどんUPします。

「主婦の場合はどうしたらいいの？」と聞かれたことがありますので、お答えします。まず、主婦は英語で **a housewife** や **homemaker** という言い方があります。どちらもよく使われますが、**homemaker のほうが、積極的に家庭を作っているというイメージ**があるのでこちらを使うといいでしょう。ただ、「自分らしさ」をアピールするという視点を持った場合、**homemaker** というだけではやはり不十分です。「日本料理に関してはわたしにおまかせください」だとか「わたしは掃除のプロです」などとあえて言い方を変えると、相手もコメントしやすく、会話がどんどん弾んでいきます。細かいことですが、初対面の印象でその人が判断されてしまうといっても過言ではありません。工夫をした分だけ、その後のコミュニケーションがより楽しくなるでしょう。

最後に好きなことですが、これは共通点を相手に見つけてもらうという視点で話すように心がけましょう。

たとえば、「野球が好きです」と言ってしまうと、イギリス人やオーストラリア人が相手であれば、共通点はなかなか見つかりません。野球というのは、スポーツの一種。つまりこれは、スポーツという「大きな情報」の中の「小さな情報」になります。「小さな情報」ほど相手と共通する確率は低くなってしまうので、**相手に共通点を見つけてもらうときは、ぜひ「大きな情報」を伝える**ようにしましょう。

たとえばこの場合、国によって人気スポーツは異なりますので、「スポーツの試合を見ながらビールを飲むのが好きです」などと工夫をしてください。情報を追加することで「スポーツ観戦が好きなこと」、そして「ビールが好きなこと」を同時に伝えられます。このように、**「大きな情報＋α」を簡潔に伝えたほうが共通点を発見して**

もらいやすいといえます。

また、「好きなこと」に関しては相手ごとに変えてもOKです。相手の出身地、関心に合わせて内容を変えることで、相手との距離感を埋めることができ、自己紹介がうまくいくでしょう。**好きなことについて話すのは、相手に共通点を見つけてもらって、興味を抱かせるのが目的**だと思ってください。

自己紹介に関しては普段からよく練習をしておく必要があります。ユダヤ人は人とのネットワークが非常に重要だと考えるので、自己紹介には工夫をよくこらしています。英会話スクールなどで最初に習うことがこの自己紹介だというのも、納得がいくのではないでしょうか？

普段から独り言を言うときに、この3つのポイントを意識して練習できれば、きっと話すことに困ったり、気まずい空気に悩んだりすることもなくなるでしょう。自己紹介は短い時間にどれだけインパクトを与えられるかが勝負です。ぜひ、3つのポイントを押さえた英文を作って「ユダヤ式」に練習し、いつでも使えるようにしてください。そして本番では「エレベーターに乗っているときのように30秒で」ということをお忘れなく！

おすすめ本

『72歳はとバス名物ガイドが教える　使える！通じる！　おやじギャグ英語術』

佐藤卯一著　飛鳥新社

知らないことを聞かれたら、「**Top Secret!**」と返すジョークはお見事の一言。ガイドひと筋約50年で磨き上げた「誰でも使えるジョーク」を惜しげもなく披露してくれています。日本文化をただ的確に説明するだけではなく、オヤジギャグをうまく織り交ぜてバスを笑いの渦に巻き込む名物ガイドの英語術は、参考になるフレーズばかりです。

ユダヤ人が会話に必ず添えるもの

少し前に「ズームイン!!　朝！」というテレビ番組で、スリランカ人のウイッキーさんという人が朝から英語で街頭インタビューをするというコーナーがありました。生中継で、しかも朝7時くらいの通学・通勤中にいきなり英語でインタビューをするというすごい企画だったのですが、彼が話しかけるとみんな足早に逃げ去ってしまう光景をよく覚えています。

それを見ていて、「なぜみんなちゃんと答えないんだろう」と、当時テレビの前で首をかしげたものです。出勤時間を気にしてでしょうか、それとも「英語なんて話せない」と恥ずかしがってなのでしょうか、みんな早足に黙って逃げてしまう。どんな事情があるにせよ、せっかく話しかけてくれているんだから**I'm sorry but I am busy now.**「ごめんなさい、急いでいて」とインタビューを断る理由を言ってほしいと思いました。

知人のユダヤ人によると、ユダヤ人は小さいころから「物事にはすべて明確な理由が必要だ」と教えられているのだそうです。なので、学校の先生も知識を単に「覚えなさい！」と押しつけたりせず、教えた知識の裏付けや原理原則をごまかさずに説明するのだそうです。彼らは必ず「理由」を述べる。その点、日本人は相手に理由や背景すべてを話さなくても許される傾向があります。たとえば謝罪をする場合、次のように言ってしまうのです。

I'm sorry.（ごめんなさい）

相手からしてみたら、**Sorry for what?**「何に対しての謝罪ですか」と不思議でしかなく、これでは相手を混乱させてしまうか、もっと詰問されるかの2択でしょう。

なので、**I'm sorry for bothering you.**「煩わせてごめんなさい」とか **I'm sorry for interrupting you.**「邪魔してごめんなさい」など、**I'm sorry** と言った理由をきちんと付け加える必要があるのです。

このように、**英語を1文言うごとに、必ず理由を付け加える**ことを意識しましょう。

そのときに気をつけたいのが **because**「なぜならば」の連発。**because** を連発してしまうと少し堅苦しい印象を与えてしまうので、なるべく繰り返しを避けるようにして、「なぜそのように思うのか」という部分を明確に言うようにします。**for~**「～の理由で」

や**thanks to〜**「〜のおかげで」といった表現を用いて、1文でもいいので理由を追加して自分の考えや気持ちを表す癖をつけましょう。

また、同時に心がけていただきたいのは、「理由をきちんと話して論理的に伝える」癖を日本語でまずは身につけること。日本語で論理的に話せないのに、英語で論理的に話せるはずがありません。**日本語の能力以上には英語は磨けない**からです。

「考えがまとまらなくって、英語ですぐに話せない」

「言いたいことが論理的に言えていないような気がする」

こんな悩みがあるのなら、まずは日本語で論理力を磨く必要があります。

そのためにも、話題を次の3段階に分けて話す訓練をして論理力を鍛えていきましょう。

1 話題に対しての自分の主張

2 理由・具体例・反論

3 一歩進んだ結論

これは、ショートエッセーなどでも用いられる話題の展開方法です。

新聞や雑誌、本などで気になる話題をピックアップして、その話題に関して先の3点を意識しながら30秒くらいで自分の意見を「日本語」で話してみるのです。日本語でこういったトレーニングをしておけば、あとはこれをシンプルな英語に当てはめて、実際に体を動かしながらつぶやいてトレーニングするだけです。そうすれば、論理的な展開方法までも英語と一緒に頭の中に定着してくれることでしょう。

ユダヤ人は小さいころからこの「論理的に話す訓練」をしています。

ヘブライ語聖書を2、3ページ読んでいると、ラビ（ユダヤ教の宗教指導者）に「何かおかしいところはないか」と質問されます。そしてその質問に「ここは○○だから、△△という結論になるのはおかしいのでは？」としっかり理由をつけて答えることが求められるそうです。聖書は神聖なものなので疑ってかかる必要がなさそうですが、ユダヤ人はつねに疑いの目を持って、議論の対象としてきました。つまり、自分の疑念を相手にわかりやすく伝えて解決していく姿勢が育まれているのです。こういった文化もあって、自分の意見をどんどん論理的に展開できるユダヤ人は多いのでしょう。

これもまた、たくさんのユダヤ人が世界を動かして巨額の富を手に入れていることの理由の一つかもしれませんね。

「いきなり英語で論理的に意見を言えるようになりたい！」という意欲溢《あふ》れる方は、TOEICのスピーキングテストや英検1級に一度挑戦するといいでしょう。またはそれらの資格試験の対策本を見て、そこで紹介されている様々なテーマに対して3段階で論理展開されているかどうかじっくり考えながら、「ユダヤ式」で体を動かして音読すると論理力もスピーキング力も身につきます。ぜひ挑戦してみてください。

おすすめ本

『英語で意見を論理的に述べる技術とトレーニング』　植田一三、妻鳥千鶴子著　ベレ出版

様々なトピックに関する専門的な単語の習得、文章構成力の底上げもできる「論理的に読み取り、相手に伝える」ためのスキルを凝縮した一冊。ロジカルに意見を伝える実践的な訓練を積むことができる内容になっています。中級者から上級者の論理力の補強にオススメ。英作文や英検の面接などにも応用可能です。

第8章

ユダヤ式ライティング力アップ勉強法

つぶやけば書ける、書ければ話せる

ライティングは1人でできる超便利英語アウトプット術！

どの勉強でもよくいわれているのが、「アウトプットは大切！」ということ。インプットばかりに時間をさかず、アウトプットにもっと力を入れることで「使える知識」にしていく。これにはわたしも大賛成です。

ところが普段、よくこんな声を耳にします。

「英語をアウトプットする機会がない」

「外国人が周りにいない」

たしかに時間やお金があれば、留学やワーキングホリデーに出かけたり、海外に長期滞在したりして英語を使う機会に恵まれるかもしれません。英語とは、日本で暮らしているかぎり、本当にアウトプットしづらいものなのでしょうか？

答えはＮＯ。じつはお金をかけずに手っ取り早く英語をアウトプットできる方法があります。それは、「英語を書く」ということ。ビジネスマンであれば、仕事でメールを英語で打ったり、英語で資料を作ったりと、「英語で書く」機会は意外に多いのではないでしょうか。

ユダヤ人の社会では、ユダヤ人、非ユダヤ人にかかわらず海外にいる人も含めて友人同士のネットワークを非常に大切にします。実際知人のユダヤ人たちはわたしに頻繁にメッセージを送ってくれて、「スペインに旅行に行ったよ～」など、近況報告をマメにしてくれます。

ユダヤ人にとって助け合うことはとても大事なこと。家族はもちろん、友人同士のネットワークを大切にするので、頻繁に連絡を取り合い、固い絆《きずな》で結ばれているのです。1人では生きていけないことを知っているので、他人と協力してパワーを生み出す必要性を誰よりも強く感じているそうです。


これもまた、彼らが迫害の歴史の中でたくましく生き残ってきた秘訣《ひけつ》です。そういえば、海外にいる人とも気軽に交流できるFacebookを作ったのも、ユダヤ系アメリカ人のマーク・ザッカーバーグでした。そんなソーシャル・ネットワーキング・サービス（SNS）の普及によって、旅先などで知り合った外国人と英語でメッセージを気軽に交換したり、記事に英語でコメントしたりする機会が確実に増えてきているはずです。そこで求められるのは、**文法的に正確な文章というよりも、スピーディーにわかりやすく伝えられる**ということ。

ネットが苦手という人やたくさんの人に自分の英語を見られたくないという方も、英語で日記や手紙、メールを書くなどして、少しの時間でもいいのでできるだけ毎日継続して「英語を書く」ことをオススメします。書くことは会話と違って、あなたの日々感じたこと、思ったことを文字で残すことができます。今の時点での自分のライティングスキルを文字としてゆっくり確認することで、日々の上達を感じられるでしょう。英語を話したり書いたりするのが瞬時にできないという方は、まず定期的に英語で文字を書くことをオススメします。なぜなら、**英語は書ければ必ず話せるようになる**から、です。

では、具体的にどうすればライティングスキルを上げることができるのでしょうか？　ただやみくもに英作文をするという以外に何かいい方法はあるのでしょうか？　自分の思っていることをよりすばやく、より正確に書く方法。それをこれから説明したいと思います。

アウトプットは「質」より「量」よりまず「スピード」

受験勉強などの影響もあって、「英語を書く」と聞くと日本語の文章を英語に翻訳するというイメージを思い浮かべる人が多いと思います。しかし、それだと単に日本語の文章をそっくりそのまま英語の文に置き換えているだけにすぎません。**日本語から英語に直すだけでは英語が「書ける」ことにはならない**のです。これではとっさに英語で表現したい場面になったとき、時間がかかってしまって、結局どこかぎこちない英文になってしまってても無理ありません。一単語一単語、日本語に100%合う英語の表現をつねに探すことが癖になってしまい、英文を作るのにどうしても時間がかかってしまうのでは考えものです。

そんな人がライティング力をアップさせるために、やるべきことは2つ。それは「**書こうとする日本語の単純化**」と「**自分が使う定番パターンの強化**」です。

まず日本語を単純化するということに関して。「何事もできる限り単純化しなければならないが、必要以上に単純化してはならない」というアインシュタインの言葉があります。いろいろ説明しすぎて要領を得ないよりも、シンプルなほうがいい。しかし、相手が予想したり推測したりする必要が生じるほどシンプル化しすぎてはいけない。「たしかにその通り！」とは思いませんか？

アインシュタインの言葉もそうですが、偉人の言葉は簡潔で短いから、時代を超えて多くの人の心に強く響くのです。それと同じように、表現したいことがシンプルに伝えられているか、これがユダヤ人的な発想となります。まずあなたがやることは、**自分がこれから書こうとする文をいかにシンプルにできるか**ということ。シンプルに書くことができれば、話すときにも瞬間的に英語が出るようになります。スピーキングだと話し相手が必要ですが、書くことは1人でできるので、まずは**書くことを鍛えるほうが英語を話せるようになるためにも手っ取り早い**といえます。

書くときにはまずスピードを意識します。とっさに頭に浮かんだことが英語で表せることを目指しましょう。

たとえば、あなたが「食べる量を減らさないと、やばいことになっちゃうなぁ」と思って、それを英語にしようとするとき、どのようにして文章を作りますか？　一単語一単語を英語に訳す癖がついていると、日本語の表現につられて筆が止まってしまいます。すると「食べる量の『量』って、英語で何ていうんだろう？」『やばい』って英語で何？」と考え込んでしまうでしょう。そんなときは元の日本語を少し簡単にアレンジ。「食べる量を減らさないと」は、「より少なく食べるべきだ」**I should eat less.** などとできます。「やばいことになっちゃう」は「体重がものすごく増えてしまう」ということなので、「体重が増えすぎるでしょう」**I will gain too much weight.** と素直に英語に直す。もしくは、「お相撲さんのようになっちゃうかもしれません」**I might become like a sumo wrestler.** と、「ユダヤ式スピーキング力アップ勉強法」でも登場した**like**「～のような」を使って面白くたとえてみる。英語に訳せない日本語に出くわした場合、うんうんうなって考えてもそれに該当する英語は出てきません（「やばい」のように）！　**英語にできない日本語があったときは、即シンプル化！**　これをぜひ実践してみてください。

次に「定番パターンの強化」についてです。ここでいう「パターン」とは、スピーキングやライティングでよく使用する単語や文法などのことを指します。体を動かしながらつぶやいてこの定番パターンを脳に記憶させせたら、瞬間的に英語で書いたり、話したりすることができます。

知人のメイにイスラエルでの英語の授業の様子を教えてもらったとき、ライティングスキルを高めるヒントを見つけました。イスラエルの中学校では30分ほど先生の説明があったあと、生徒は必死にその内容をノートに書き写します。そして15分くらい習ったことを使って文章を作ったり、問題を解いたりして表現を練習するそうです。先生はというと、生徒が書いた文の文法ミスなどを直し、生徒はそれを立ちながら声に出して暗記するとのこと。そうすることでその表現が生徒にとって「定番」となり、実際の場面でスムーズにその表現を取り出せるようになるのです。

これをぜひライティングの練習にも取り入れてみましょう。

たとえば、あなたが **too~to...**「～すぎて……できない」という表現を学習したとします。それを使って文をすばやく何個か書いてみましょう。**I am too old to walk to the station.**「わたしは歳をとりすぎて駅まで歩けない」、**Her name is too long for me to remember.**「彼女の名前はわたしには長すぎて覚えられない」という具合です。一つ文を書いたらそれを5回ほどリズムをとりながらつぶやきます。

そう伝えると、「自分の文が合っているかどうかわからない」「そんな都合よく文なんて作れない」と思うかもしれませんが、まずはその意識を取り除くことから始めましょう。ここでの目的は、自分が勉強した表現を自分なりに実践すること。使う場面を想定して、自分流に応用してみるだけでOKです。そうすることで一からすべての文を作るよりも速く、正確に文章を作れるようになるはずです。速く文が作れるようになったら、英語で話すこともスムーズになります。

学校や参考書で習うような文法事項は、単語を入れ替えたりして自分なりの英文にアレンジして書いてみる。それを今度は声に出して読む。そうすることで、ぜひ「パターン化」してください。学校の表現とはそもそも頻出するからこそ生徒に学ばせているのです。せっかく「よく使う表現」をチョイスしてくれているのですから、ここは素直にしたがって、あとはそれを「自分の定番」として落とし込みましょう。**教科書や参考書に載っている「定番」を、本当に「定番」として使えるようにする**、これが日本人のライティング力アップには欠かせません。

これらのスキルを磨くために、日々、思ったことを日記にするのもいいでしょう。最初は英文3文でいいので毎日続けてみる。慣れたら、5、7、10文と書く英文量をどんどん増やしていきましょう。日記を書くのをオススメするのは3つメリットがあるからです。まず、知らない表現を辞書で引くので単語力がつくこと。次に自分の考えがまとめられること（定番パターンの発見）。3つ目に書いた英文をつぶやいて脳に記憶させれば、会話でも使えるようになること（定番パターンの強化）です。スマートフォンのメモ機能に日記を書くと、いつでも気軽に更新できるので便利です。そこで文を書き、5~10回「ユダヤ式」で音読してください。そうすることで、話すときに使える英文のストックができ、自分の中の定番表現がどんどん増えていきます。

単純化すること、定番表現をストックすることでスピーディーに書く・話す訓練ができますので、まずこの2点を意識して練習してみてください。

おすすめアプリ

『私だけの英語ダイアリー』 Waterbear Soft inc.

毎日5行、日記を英語でつけて、自然と英語力を身につけようというアプリです。日記を続ければ、「最近体の調子が良くない」「半年ぶりに友達に会う」「痩せて誰だかわからなかった」といった日常会話でよく使われる表現が身につきます。さらに書いた文を「ユダヤ式」につぶやいて英会話力もつけましょう。ライティングするときによく使う文法や、「本を読んで余韻に浸る」といったこなれた表現例も豊富に掲載。Facebookでシェアすることもできるので、ぜひ書いた英文を勉強仲間や英語が得意な人にチェックしてもらいましょう。

ライティングの屁は「honor」となる

知人のユダヤ人が以前「日本人は失敗することをこわがりすぎ」と言っていました。たしかに、普段いろいろな年代の生徒さんを指導する中で「その通りだな」と思うことがしばしばあります。

たとえば毎日のようにいただく「この表現は正しいでしょうか？」「こちらの表現のほうがいいのではないでしょうか？」というメールやメッセージ。不安になる気持ちもわかりますが、そんなときは自転車に初めて乗ったときを思い出してください。自転車に乗れるようになるまで、何度も何度も転んだはずです。いきなり「はい、乗れた」なんて人は滅多にいません。スキーやスノーボードだってそう。何度も何度も尻もちをつきながら経験を積んで、コツをつかんだはずです。

その点、ユダヤ人には失敗や敗北をポジティブに受け入れる考え方があります。多くの民族は輝かしい勝利を記念して祝いますが、ユダヤ人は敗戦や敗北の日を祝日としているのです。これは、**「失敗や敗北こそが現実であり、それを知っている者こそ勝利する資格がある」**と考えられているため。迫害され、土地や財産を幾度となく奪われてきた民族であるがゆえの「失敗してもまたゼロに戻るだけ」という性格もポジティブ思考を後押ししています。「すべての行動をユダヤ人のように〝プラスに〟考えなさい」とまでは言わないですが、少なくとも英語に関してはその姿勢を見習いたいものです。

ことライティングに関していえば、失敗を恐れずたくさん書くことが大切。ミスをしたり詰まったりしても、それを単に「失敗」としてしまうのではなく、「マスターへの第一歩」として、堂々と受け止めてほしいと思います。

上達のためには、たくさん書いてどんどん失敗しましょう。たくさん失敗し、ライティングの屍《しかばね》を越えていきましょう。はじめは間違いを気にせず、心に思ったことをどんどん書くようにしてください。やっていくうちに、書きやすい表現やよく使う表現などに敏感になるはずです。うまく英語にできない表現もどうしても出てくるもの。けれど、そこでやめずに何度か同じ経験をすると、関連する表現にどこかで出くわしたときに「あぁ、こう言えばいいんだ」と気づく機会が増えるのです。そんなときのインプットは質が非常に高く、記憶にも残りやすくなります。脳に記憶させることができれば、話すときも瞬時にアウトプットできるでしょう。**失敗を恐れずどんどん挑戦して「上手に表現したい」という気持ちを育てた人ほど、いろいろな情報源から表現を吸収する**ようになります。それこそが**honor**「名誉」なのです。

では、思ったことをどこで書けばいいのでしょうか。もちろん日記に書いてもいいですし、スマートフォンや携帯のメッセージ、Facebookの記事、Twitterなどもアウトプットの場としてぜひ活用したいところです。

どんな媒体でもいいので、一つに決めて毎日継続しましょう。ここでは間違いを気にせず、とにかくどんどん書くことを心がけてください。

「添削相手が見つからない」という人でも、ライティングでハブルータ（ペア学習）

を実践する方法があります。それは「Lang-8」というウェブサービスを利用するという方法です。これは英文を書いてサイトにアップすると、誰かが添削してくれる交流サイトで、簡単な間違いチェックとしても使うことができます。

とにかくたくさん書くこと。そして、たくさん書いてたくさん失敗をすること。まずは、ツールをそろえて「書く」という意識を高めるところから始めてみてください。

おすすめウェブサイト・本

「Lang-8」 http://lang-8.com/

世界中の語学学習者のためのSNSサイトで、アップされている日本文を添削する代わりに英文を添削してもらうという仕組みです。文章の内容はビジネスレターや日記が中心ですので、気軽にライティングに取り組むことができます。

『新・英語で日記を書いてみる』 石原真弓著 学研教育出版

Twitter や Facebook など、時流に合ったテーマの表現が紹介されているため、すぐ日記などに使える表現が満載です。「早く〜したいな」**I can't wait to~**といった、よく使いそうな日本語に対応する英語が一目瞭然なので、大量にアウトプットをする際の参考になります。「ストーリーがよく練られていた」**The story was well thought-out.** など日記に使える構文、表現、実例も豊富に紹介されていますので、「とにかく書く」ときには、つねに手元に置いておきたい一冊です。

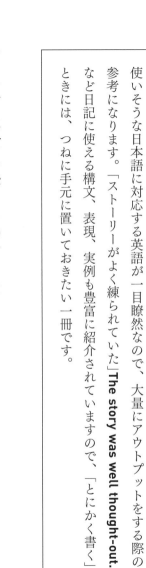

ライティングは金に糸目をつけるな！

普段、仕事で英語を使う人は、「メールや資料を英語では書いているけれども、じつは間違っているのでは」という不安もあるのではないでしょうか。書く能力を、正しく、そして着実に向上させるには、やはりネイティブスピーカーや英語のプロに添削してもらうのが得策です。日記やFacebookといったSNSの投稿などは英語が間違っていても気にする必要はありませんが（そのうち力がついてきます）、正確さが求められるビジネスシーンではそういうわけにはいきません。

ユダヤ人には「**教育は投資である**」という考え方が徹底しています。どんなに普段質素な生活をしていても、メール、広告、契約、商品説明など利益に直結する可能性があるスキルには、ユダヤ人は投資を惜しみません。クライアントとの交渉、顧客からの質問やクレーム対応などで英語を書く機会があるという人は、もし心配があるのなら少しばかりの投資をするとその不安を払拭できるでしょう。

たとえば外資系企業などで上司が外国人であれば、社内用に毎日300〜500単語程度のレポートを書く機会があると聞きます。短時間で自分の主張について理由や具体例を用いながらレポートを作るには、どうしても正確かつ論理的に英語を書く訓練が必要です。もし、ビジネススキルとしてライティング力を磨きたい、もしくは磨かなければならないとなった場合は、添削のサービスを受けてみましょう。

あなたが英会話スクールなどでネイティブの先生や英語のプロに指導してもらっているのであれば、毎回テーマを設定して200単語程度のエッセーや簡単なビジネスレターを書いて添削をお願いしてみてはいかがでしょうか。スクールによって規定などがあるかもしれませんが、添削をしてもらえるかどうかだけでも聞いてみましょう。もしかしたら添削を無料で受けられるかもしれませんし、1枚1000円ほどであればお願いしてみるのもアリだと思います。もちろん、ビジネスシーンで英語を使わないという人であっても、より正しい英語力を身につけたいのであれば日記や映画の感想などを添削してもらうといいでしょう。幸い、先にも挙げたように最近はインターネットを使った添削サービスがたくさんあるので、それらを積極的に活用する手もあります。

お手軽なインターネット添削サービスとして、「英文添削アイディー」(https://idiy.biz/)、「英作文のフルーツフルイングリッシュ」(https://www.fruitfulenglish.com/)、「英作文添削指導メールパル」(http://www.mail-pal.com/)などがあります。まずはこれらのサイトを比較検討して、自分に合った利用しやすいサービスを受けるといいでしょう。

ここで注意しておきたいのが、「**添削を受けるときは添削者に依存しない**」ということ。「添削してくれる先生は、きっと意味をくみ取ってくれるから、こんな感じでいいや」と、自分の書きたい表現を調べもせずに書いて、添削だけに依存することは避けましょう。辞書を引いたり、文法書を参照したりしながらつぶやいて確認するのを怠らないようにしてください。そうしないと添削されたものが手元に戻っても、それはあくまでも添削者が書いたお手本の文章。自分の「書く技術」の向上にはつながりません。

また、添削されて返ってきたら、必ずそれを「ユダヤ式」でつぶやきましょう。添削されたものに目を通して「なるほど〜、そういう表現を使うとスマートなのか〜」と感心してはい終了！という人がたまにいますが、添削されたものを2、3回体を揺らしながらきちんと声に出して音読し、そして別の紙に「手書きで」書き写してほしいのです。そうすることによって体全体が刺激され、「ビジネスでも通用する」ライティングスキルを脳に強く記憶させることができます。

敬虔《けいけん》なユダヤ人は「創世記」「出エジプト記」「レビ記」「民数記」「申命記」からなる「モーセ五書」と呼ばれるトーラーをつぶやきながら書写しているようです。それは、書き写すことで自分たちの歴史や宗教を再認識するため。わたしたちも同じように、添削された文書をつぶやきながら書写することで自分の文法や言い回しの誤りを振り返り、何がいけなかったのか、どのような表現を使えば良かったのかを復習しましょう。復習もまた「ユダヤ式」なのですから。

おすすめ本・ウェブサイト

『ネイティブ添削で学ぶ英文ライティング』 英語便著 研究社

書籍とウェブが連動していて、両方からライティングスキルを鍛えられます。ウェブ添削サービス「英語便」の公式テキストで間違えやすいポイントを解説したあと、実際の学習者の添削実例もテキストに掲載されています。また、ショートエッセーやメールのほか、ビジネス文書の添削例も確認することができます。生徒の文章とネイティブによる添削文を比べ、つぶやきながら書き写すだけでも効果がありそうです。

「英語便」 http://www.eigobin.com/

質の高い講師陣ときめ細かな添削が魅力的な添削サイトで、講師は大学教員、ジャーナリスト、企業の英語指導者など英文ライティングのプロ。ビジネスメールやスピーチ原稿、日記などあらゆる英文をネイティブ講師がチェックし、丁寧な解説付きで戻してくれます。手軽に添削を受けるコース、カリキュラムで学ぶコース、試験対策コースなど、ニーズに合わせた添削が受けられます。

つぶやいて「ライティングモノマネ」を究める

「インターネットの翻訳機能を使わないと、仕事でメールが書けません。けれどそれだと、とにかく時間がかかってしまって……」という相談を、あるとき受けました。

インターネットの翻訳機能技術が発達したとはいえ、それだけを使ってすべての文章を正しく伝わるように英語にするのはまだまだ難しいようです。単語や短い言い回しのチェック程度には使えるものの、複雑な文を翻訳機能で英訳すると、どうしても間違いが多くなってしまいます。たとえば、「あなたのところへ行くのは難しいことだと気づいた」という日本語をインターネットの翻訳機能で訳してみたところ、「**Go to your place noticed the difficult**」と翻訳されました。**find it difficult to~**「〜することが難しいと思う、気づく」という表現を知っていれば、**I found it difficult to go to your place.** とすぐ文を作ることができるのにもかかわらず、です。

これには先ほどお伝えしたように単語などの言い回しや文法などの定番パターンをストックしておくことで対処できます。

ユダヤの格言に《学ぶというのは、繰り返し朗読をし、繰り返し書き写し、そして繰り返し考えることである》というものがありましたよね。日々思ったことをつぶやく。そして復習のために文字にする。そういった過程で蓄積した単語、言い回しなどを単語ノートやスマートフォンのメモ機能に書き写す、そしてそれを「ユダヤ式」につぶやいて脳に記憶させていつでもストックから「定番」を引き出せるようにしておきましょう。

また、ビジネス文書や手紙文などは、ある程度文例をテンプレート化することもできます。

とくに**ビジネスメールで要求されるのは、内容の正確さに加えて「返信のスピード」**です。自分で一から文を考えるのではなく、すでにある文例を組み合わせて使うという発想が、文の中身や正確性を高め、さらには書くスピードも速めてくれるのです。仕事で頻繁に英文メールを打つという人は「問い合わせ」「依頼」「謝罪」など、シーン別のビジネス英語の文例を何パターンかストックしておくといいでしょう。ビジネスメールはたいてい、件名・前略（**Dear Mr. ~, To ~**）、内容（結論1、結論2）、草々（**Best regards**）という順序で展開されていきます。TOEICのPart7の英文メール形式の問題にこういった文例があるので、資格試験の勉強ついでにこれをつぶやきながら音読し、書き写してストックしちゃいましょう。ほかにもビジネス定型文集などを購入し、自分がよく使うシチュエーションの定型文をつぶやいて書き写し、いつでも自分の定番として再現できるようにしておくのもオススメです。

おすすめ本

『英語のお手本　そのままマネしたい「敬語」集』
マヤ・バーダマン著　ジェームス・M・バーダマン監修　朝日新聞出版

ビジネスの様々なシーンで使える丁寧で正確なメール・会話フレーズを紹介する一冊。**kindly**を使って丁寧さを出す、**I'm afraid that~**「申し訳ございません」などのクッション言葉、最後に**Thank you!**を加えるなどちょっとした工夫やコツも紹介。相手やTPOによって伝え方が微妙に変わる言い回しを紹介しているので、メールの例文集としても使えます。ほかにもクレーム（英語では**complaint**）など和製英語が通じない例も多く収録されています。

第9章

ユダヤ式「資格試験」勉強法

ただ点数を上げるだけなんてもったいない！

英語のペーパードライバーにならないために

ユダヤの格言に《わたしたちは権威ある先人たちの教えから多くのことを学ぶべきだ。かといって背中に大量の本を積んだロバになってはならない》という有名なものがあります。これは知識をいくら集めても、それが実践できないと意味がないという戒めです。

資格試験対策の学習は下手すると「大量の本を積んだロバ」になりかねません。以前は、英語の資格・検定試験といえば英語の学習達成度を知るためのものでしたが、現在はどうも様子が少し違うようです。

会社の英語公用語化や就職・転職活動のためにTOEICなどの英語の検定試験の勉強をする人が増えてきました。都心のカフェなどに出かけると、TOEICなどの検定試験の参考書を熱心に勉強している人を見かけます。英語を教える身としては、勉強している姿を見るのはうれしいのですが、資格のためだけに英語を学習している人が多いような印象をどうしても受けてしまいます。実際、990点満点のTOEICのテストで900点を超えるような点数を取得しているのに、英語がほとんど話せず、英語でメールも書けないという人も存在します。これはペーパードライバーと同じで、「資格だけあって、技能がともなわない」というあまり喜ばしくない事態です。

せっかく労力をかけて、資格取得などを目指すのであれば、発想を変えてみてはいかがでしょうか。ユダヤ人にとって英語は交渉などでアピールするための道具であって、使えなければ意味がないと考えています。つまり**英語の検定試験で良い点をとることは、あくまでその英語学習の結果でしかない**のです。日本の英語教育は、高校や大学受験など、紙の上のテストでいい点をとるためだけのもの。どうせいい点をとるのであれば、実践でも使える運用能力も同時に上げたいものです。

資格もとって技能も上げる、そんなユダヤ式の資格試験勉強法をお伝えします。

「つぶやき英検」で底上げを図る

唐突ですが、「さて、久しぶりに英語でも勉強しようかな」という人が、いきなり

TOEICやTOEFLなどを受けてしまうのは危険です。

ビジネス英語検定のスタンダードとなりつつあるTOEIC。留学などの入学審査に使われるTOEFLやIELTS。いずれの試験を受けるにも高校卒業程度の英語力である英検準2級〜2級程度の力をつけてからがオススメです。そうでなければ、わからない単語や文法知識などが多すぎて、**実用的な英語力をつけるにはあまりプラスにならない**のではないかと思います。

社会人で英語のやり直しを考えているような人は、英検の受験をきっかけに総合的な英語力の底上げを図ることをオススメします。よく英語学習者の方から、「英語の勉強、何から始めればいいのかわからないのでアドバイスお願いします」と相談されるのですが、そんなときは英検の級を聞くようにしています。「英検○級」というのは目安でしかありませんが、何よりも現時点でのご自身の英語力を把握されていないと、アドバイスしにくいのが本音です。そういう意味では、**英検はレベルに応じて勉強できるので目標設定がしやすい**といえます。日本英語検定協会のホームページに過去問があるので、その時点で半分くらい得点がとれる級からの受験を目指しましょう。

TOEICが「聞く」「読む」という英語の2技能を測定するのに対して、英検は「聞く」「読む」「書く」「話す」という4技能を測定する内容。そういった理由で、基礎力の底上げには最適です。級によって試験内容も分かれているので、実力に合わせて勉強がしやすいのもオススメする理由。2016年からは5級の試験でも「スピーキングテスト」が受験できるようになりました。

また、英検3級以上となると、身の回りの日常会話から教養を深める社会的な題材まで、実際に英語を使用する状況を想定した問題が出題されます。TOEICがビジネスシーンで使う語彙・フレーズ中心なのに対して、**ビジネスも含めた幅広い状況を想定した語彙をカバーできるのが「英検」を活用した勉強のいいところ。**試験問題を回収されてしまうTOEICに対して、英検は筆記試験の問題を持ち帰ることができますので、それを音読したり、内容を書き写したりして試験自体も一つの教材として「ユダヤ式」で英語の勉強ができます。

「全体的にはアカデミックな内容」と評価されることが多い英検ですが、使い方によっては日常的な英会話の運用能力やリスニング力、語彙力を上げることも可能です。

まず英会話の運用能力についてですが、準2級と2級のイラストを説明する面接問題（二次試験）は一度試しに解いてみる価値があります。準2級はイラストを見てその状況を説明する問題、2級は3コマのイラストの展開を1文ではなく、しっかりとした文章で説明するという問題が出されます。これは普段から独り言をつぶやいて勉強をするユダヤ式の学習成果を測るのに最適です。

次にリスニング力ですが、英検準1級以上ではリスニング問題に生活音が入るReal-Life形式の内容一致問題があります。館内放送やラジオ・テレビの音声、会議や留守番電話など、様々な設定に基づいた臨場感溢《あふ》れるリスニング問題となっています。電車の車内放送や映画を教材にして「ユダヤ式」で学習した効果を実感できますし、そうしたトレーニングを積み重ねていれば、なにより本番でここが得点源となるでしょう。

最後に語彙力ですが、幅広い分野を扱う英検の準1級と1級の独立した語彙問題や長文問題では、様々な分野の単語を習得しないと太刀打ちできません。その単語量は人文科学、自然科学、政治、経済などの分野にわたる1万語にも及ぶといわれています。短期間の目標として英検準1級以上の合格を目指せば、練習問題を解く過程で大幅な語彙力アップが可能になるはずです（また「○級に絶対合格する！」と決めていればモチベーションも高まりますので、インプットの質は良くなります！）。

もし語彙力不足で悩んでいたり、何から英語の勉強を始めていいかわからなかったりするのであれば、一度英検を受験してみましょう。『英検過去6回全問題集』シリーズ（旺文社編、旺文社）などの英検対策テキストを解いたあと「ユダヤ式」で音読するのもオススメです。

職場や学校への英語力の証明としてだけではなく、日ごろの英語学習の成果測定のために英検を活用してみてはいかがでしょうか。

TOEIC®テストをつぶやけば知識も知恵も同時に身につく

あるときイスラエルの知人が「なぜ日本人はそんなにTOEICを受けるのか？」と聞いてきたことがあります。というのも、欧州やイスラエルなどの国では「TOEIC」は一般的な検定試験ではありません。それもそのはず、TOEICは日本の北岡靖男氏らがアメリカのテスト開発機構ETS（Educational Testing Service）に開発を依頼した日本発の試験なのです。一方、欧州やイスラエルでは、IELTS、BULATS、ケンブリッジ英検などが有名なので、ユダヤ人も留学など必要に応じてこれらの試験を受けるそうです。

そうはいってもTOEICは日本におけるビジネス英語検定のスタンダード。ビジネス特有の表現に出会う機会をもたらしてくれます。そんな「ビジネスにうってつけ」の試験ですから、世界約700万人の受験者、そして国内では約240万人もの受験者がいます。先ほど挙げた英検は約260万人の受験者数なので、やはりTOEICは英検同様、日本では広く普及している試験だといえます。英検1級と同様、990点中840点以上のスコア取得者は通訳案内士の英語筆記試験が免除になるなど、各種資格のパスポート的な役割を持つようにもなってきています。

そんなTOEICを学習するメリットは大きく3つ。

一つはビジネス分野の語句知識を効果的に勉強できることです。たとえば**canteen**という単語。日常会話表現だと「水筒」という意味ですが、ビジネスの分野では「社員食堂」という意味で使われています。ほかにも**hike**「ハイキングする、徒歩旅行」もビジネスの分野では「(家賃・物価などを) 急に上げる」という意味になるなど、**ビジネス分野に特化した語彙力を効率的に鍛えられるのは、TOEICを通じて得られ**

る大きなメリットです。

2つ目のメリットは、ビジネスのシチュエーションに合わせた会話表現を習得することができるという点です。TOEICはListeningとReadingの2つの分野からなり、問題文や説明はすべて英語。Listeningのセクションは4つのPart、Readingは3つのPartに分かれていて、Partごとに特色が異なりますので、実際のビジネス会話やビジネスレターなどで応用できるような表現を、試験問題を教材にして「ユダヤ式」で学べば習得できるといえます。とくに、ListeningのPart3はビジネスで使う会話表現の宝庫です。スクリプトを見ながら会話文をつぶやいてみたり、暗唱したりすることで、実際のビジネスの環境で「こういうふうに話せばいいのか」という知識や感覚が養われます。

3つ目のメリットとしては、スコアにも直結する速読力やリスニング技術を向上させられるということが挙げられます。

「TOEICは時間が足りない」という悲鳴をよく聞きます。とくにTOEICのReadingの分野では75分間で100問を解かなければならないので、高いタイムマネジメントスキルと事務処理能力が求められます。そんな中、TOEICで出題される複数の長文をすばやく処理する方法として、これまで英語の専門家だけしか知らなかったような速読技術が普及しました。選択肢からキーワードとなる単語や表現を探すこと（スキャニング）や、大意などを文章からつかみとること（スキミング）などです。これらの速読技術によって、本、新聞、雑誌、業界紙などで情報収集する際にも、知りたいキーワードから情報をすばやく集めたり、時間がない状況でも報告書の大意を正確につかんだりすることができるようになります。

リスニングの勉強技術も進歩しました。TOEICの普及にともなって同時通訳者の訓練方法であるシャドーイングやディクテーションなど様々な勉強技術が広く普及しています。これに「体を揺らしてつぶやく」ことを加えていけば脳により強く定着させることができるので、積極的にこういった勉強技術を試してほしいと思います。

どれだけ英単語を知っているか、文法知識があるかといった「知識」だけでは英語は使えるようになりません。実際にどのようにして使うことができるのかという「知恵」を、脳に記憶させる必要があるのです。

試験を通じて、リスニングやリーディングの処理速度を上げることで、ビジネス英語の処理スピードも上がります。TOEICの試験勉強に「ユダヤ式」で取り組めば、ニュースや動画などで正確に情報収集する力も、本、新聞、雑誌、業界紙などを読みこなすスピードも身につきます。ぜひTOEICの試験勉強を通じて、「知識」も「知恵」も同時に手に入れてください。

おすすめアプリ

『TOEIC presents English Upgrader』国際ビジネスコミュニケーション協会

TOEICの公式アプリ。ビジネスや日常会話などのシチュエーションで使われる英会話に基づくフレーズ解説や理解度チェッククイズ、フレーズ集などで構成されています。63のエピソードの中から、1話ずつ好きなエピソードをダウンロードできるので、通勤時間や散歩しながらでもつぶやいて学習できる点はユダヤ式と相性がいいでしょう。

スピーキングテストで得する人は「合格する人」？「失敗する人」？

「外国人に話しかけたいのだけれど、自分の英語が合っているかどうかわからないからこわい」という人も多いようです。

「失敗したくない」という気持ちもわかりますが、英語をマスターしたいのであれば、ライティングのときと同様、どんどん行動を起こして、英会話で失敗してほしいと思います。会話の失敗から正しい表現を学ぶのです。

「あの場面ではこう言ったら良かった」「もっと別の言いやすい表現はなかったのか」と失敗をすればするだけ、感じることも多くなります。そうなれば、会話で失敗したことと似たケースや関連する項目をインプットするときに、強烈に脳に刻まれます。

そうわかっていても、ビジネスなどで英語を使う人であれば、職場で上司や同僚に間違った英語で伝えて失敗することは避けたいことだと思います（それが評価などにつながってしまいかねませんので）。そこでTOEICのSpeaking&Writingテスト（以下SWテスト）のようなスピーキングテストを活用し、ミスを恐れず今までのスピーキングの勉強の成果を試してみましょう。

ユダヤ人の強さは失敗から学ぶしたたかさにあります。ダニエルも「あなた、素敵、アクセサリー、ほしい」と、おかしな日本語で何回も話しかけて、日本語を学んでいました。どのように話したらいいかを学ぶためには、まず実際に行動してみるしかありません。行動を通じてしか、英語はマスターできないのです。

「表現が合っているかどうかわからないから書かない」「間違っているかもしれないから話さない」ではなく、「通じるかどうか試してみようと決意して行動をする」。そういったときに、力試しとして利用できる一つがこのスピーキングテストです。スピーキングテストは合否とは関係なく、客観的に自分の現在の実力が点数化されるので、日ごろの学習の達成度合いがチェックできます。なので、合格不合格ではなく、スピーキングにおける自分の弱点や苦手な分野を見つけるために失敗できるテスト、つまり失敗した分だけ自分のためになるテストでもあります。

TOEIC SWテストはTOEICの弱点とされていた「話す・書く」能力評価が可能になった、2006年にスタートした新しい検定です。この試験でスピーキングとライティングの2つの能力を測定できるようになりました。スピーキングテストは、音読時の発音、指示に対する応答、商品の説明や紹介、職場でのやりとりなどを測るテスト。そしてライティングテストは問い合わせやクレームに対して最適な改善策などを書いたり、自分の意見を書いたりする能力を測定するテストとなります。

さらに、2016年1月よりTOEIC Speakingにてスピーキングのみの受験が可能になりました。TOEICが指定する試験会場にてパソコンに音声を録音します。

ほかにも楽天が社内教育に導入したことでも有名なPearson Japanが運営するVERSANTという試験があります。VERSANTはパソコンや電話でスピーキング力をチェックする形式で日時や場所を問わず受験可能。試験時間は約17～35分と、手軽に受けられるのも魅力的です。

一度、TOEIC SWテスト、VERSANTなどのスピーキングテストを受けて自分の足りない部分は何かを客観的に分析してもらうと、あなたの英語力は確かなものになるでしょう。また『TOEIC® Speaking & Writing 公式 テストの解説と練習問題』(Educational Testing Service著、一般財団法人国際ビジネスコミュニケーション協会)などのテキストを「ユダヤ式」に勉強することでも、点数と運用能力、両方同時に高めることができるでしょう。

終章

脳の「学びスイッチ」を押す
ユダヤの3つの教え

学びのスピードが加速する3つのユダヤの教えとは

ここまで、分野別に「ユダヤ式」で英語を学ぶ方法について解説してきました。しかし「はじめに」や第2章でもお伝えしたように、大事なのはマインド（考え方）の部分。いくら効果的なメソッドを知ったところで、間違った考え方のままで勉強を進めてしまうと、スランプなどが訪れたときに持ちこたえられず、続きません。

そこで、あなたのモチベーションを高めて、これまでの「ユダヤ式英語勉強法」を継続させていくための推進力となる3つの教えを最後の章でお伝えします。**この3つの教えを血肉とすることで、あなたの脳の「学びスイッチ」がONとなり、やる気が維持されるだけでなく、学びのスピードがますます加速していく**でしょう。

《行動のともなわない知恵は、実のならない木のようなもの》というユダヤの格言通り、たしかに動き出すことは大切です。けれども、ただ何も考えずに言われたことだけに取り組むのでは絶対続きません。なぜなら、勉強には壁がつきもので、がむしゃらに突き進むだけではその壁を登ることはできないから。

「ノウハウをすべて言われた通りに忠実におこなう」それだけでは不十分。大きく行動を変えようと思えば、内面から変えていかなければなかなか結果は出ないのです。
最後にお伝えする3つのユダヤの教えは英語学習だけに限った話ではありません。
これからの勉強や人生のヒントを、ぜひ見つけていただければ、と思います。

1「40歳からでも聖者になれる」

《知恵を獲得する過程で、忍耐があれば、すでにその半分は手に入れたようなものである》こんなユダヤの格言があるのですが、わたし自身、いろいろな年代の生徒さんと接する中で、いかに結果が出る前に勉強をやめてしまう人が多いかを思い知らされています。もちろん、そこにはいろいろな理由があることは百も承知です。しかし、英語を一度でも「学びたい」と思ったのなら、貪欲に粘り強く学びつづけてほしいと思います。なんならまずは、「続ける」こと自体を目標にしてもいいくらいです。

50代や60代の生徒さんが「最近、記憶力が悪くなってなかなか勉強が続かない」と悩みを言う中、ある88歳の生徒さんがこんなことを言っていました。「この歳になって、勉強を続けていくことが楽しくなりました。もっと早くやっておけば良かったと思うけれど、今が一番楽しい」。また、以前、80歳のユダヤ人男性に日本語を教えたときにも、「知れば知るほど、世の中には知らないことが多いと気づかせてくれる」と言っていました。この2人は、「**学びには年齢や時期は関係ない**」ことを強く体現してくれていると思います。

英語のことわざに **It's never too late to learn.**「学ぶのに遅すぎることはない」という表現がありますが、まさにその通り。年齢を問題にせずに学びつづけている人はユダヤ人の間でも好まれます。

紀元1世紀末~2世紀にかけて活躍したユダヤ人の聖人ラビ・アキバの有名な話があります。無学な羊飼い・アキバが自分の子どもが文字を習うのと同じくして40歳から勉強を始め、最終的にはラビ（宗教指導者）として活躍しました。このラビ・アキバ、じつはそれまでの口伝の教えをまとめて、「ミシュナ」というユダヤ教の聖典の編纂《へんさん》を始めた偉大な人物です。この話を通じて、ユダヤ人たちは「学ぶのに遅すぎるなんてことはなく、絶えず学んでいくことが大切だ」と再認識するそうです。

こんなふうに、つねに向上心を持ち、粘り強く探求するスピリットがユダヤ人には受け継がれています。「勉強に遅すぎるなんてことはない」、つまり「**勉強に向いてい**

ない人はいない」ということを、ぜひ壁にぶつかったときには思い返してください。

2 「週1回の安息日に学びなさい」

「週に1日でもいいので、徹底的に復習する時間をどこかで持ってほしい」というのが、2つ目の教えになります。

ユダヤ教では週に1日、「安息日」というものが設定されています。安息日は毎週金曜日の夕暮れに始まり、土曜日の日没に終わるというもので、神が万物を創造したことに感謝をして休む日とされています。

敬虔《けいけん》なユダヤ教徒は決まりにしたがって安息日を過ごします。「仕事は何もしてはいけない」というのが基本的な決まりなのですが、なかには一見仕事とは関係のないような決まりも。たとえば、「車のエンジンをかけてはいけない」「料理をしてはいけない」「ものを書いてはいけない」といった、日常的な行動も「してはいけない」決まりに含まれているそうです。

そんな縛りのある安息日に推奨されていることが一つあります。それは、「ユダヤ教の経典を学ぶ」こと。ものを書いてはいけないのですが、書物を読んだり、議論したりすることは許されるのです。これはつまり、「週の1日は、創造主のことを考えて知的に生きることが理想である」というのが安息日に隠された本音ということです。週に1度、安息日に「読む」「考える」という学びのときを家族全員で大事に過ごす。これを毎週、毎年、5000年もユダヤ人たちは続けてきたのです。わたしには、この**安息日を持つことがユダヤ人の知的土台を支えている**ような気がします。

「安息日」をヘブライ語でいうと「シャバット」となりますが、この言葉の語源は「やめる」という意味だそうです。頭を清め、充電し、魂の健康を保つための1日として5000年もの間守られてきた「安息日」。ユダヤ教の聖書の中ではモーセの「十戒」の4番目に、「安息日を覚えて、これを聖とせよ」というのがあるように、彼らは1週間のうちの1日を大切な学びのときとしてきたのです。

彼らとそっくりそのまま同じように「金曜日の夕暮れから土曜日の日没までを安息日」なんて決める必要はありませんが、週に一度くらいは「自分だけの安息日」として勉強してみるのはいかがでしょうか。そんな知的な活動の日を週に1日持てたとしたら、ユダヤ人たちのように自己実現に向けて大きく前進するでしょう。

3「できない理由は探さなくていい」

ユダヤ系アメリカ人でスターバックス中興の祖、ハワード・シュルツがこんな言葉を残しています。

「平凡な人生という最悪の運命を避けるには、挑戦するしかない」

この言葉に象徴されるように、ビジネスに限らず、アイデアを思いついたら躊躇《ちゅうちょ》せずにとにかくスタートさせるのがユダヤ人。とにかく行動が早いのです。ダニエルもシルバーアクセサリーを売っていたかと思うと、ストーン（石）ブレスレットを翌日売っていました。良いと思ったら、すぐ行動。これがユダヤ人の持つメンタルの強さなのです。

その点、わたしたちはついつい「できない理由」を探しては、行動を躊躇しがちです。英会話塾で「Skypeを導入して会話の練習をしましょうね」と言っても、なかなか行動に移してもらえません。理由を聞くと大体次のような答えが返ってきます。

「いや、機械音痴で操作方法がわからないからできない」

「電話で話すのも苦手なので緊張してしまって……無理です」

つまり、行動する前からあれこれ「できない理由」を探してしまうのです。

自分にとって居心地の悪そうなことや、新しいことに挑戦するのはたしかに勇気がいることだと思います。でも、いざ行動してみると、それらは思い過ごしであることも多いものです。きっとユダヤ人なら「Skypeか、これはいい。無料でテレビ電話ができるなんて、なんてクレージーなんだ！」と言って、Skypeを使っての英会話の練習以外にも、家族と会話することなんかにも使うでしょう。あれこれ考えて躊躇するよりも、まずは行動をするということがやはり大切なのです。

英語の勉強でも「良いと思ったら即行動」はとても大切です。何か面白そうな勉強法があったら、まず試してみましょう。本書の中で体を動かすこと、音読することを繰り返し伝えてきました。これも「よしやってみよう！」と思って、実践していただけたら、その行動がきっと英語をマスターする第一歩になってくれると思います。

おわりに

最後までお読みいただきまして、誠にありがとうございました。

英語の学習に成功して、自由に英語を操れるようになる人の多くには、ある共通点があります。

それは「英語の勉強を続けた結果、英語を好きになった」ということ。

英語が好きになると、考え方が前向きになり、自信が出て、「もっといろいろと試してみたい！」との思いから行動が劇的に変わっていきます。「英語を勉強しつづける↓英語が好きになる↓英語が上達する↓勉強が続く↓英語が好きになる↓……」というサイクルを、英語ができる人は回しているのです。

このサイクルを回すためには、まず「実践」しかありません。とにかくひたむきに取り組みつづけなければ、英語は好きになれないし上達しないのです。

本書では、モチベーションを維持する方法も含めて具体的な勉強法をいくつか紹介してきましたが、共通して実践することは至ってシンプル。「体を動かしながら、つぶやくこと」、それを続けるだけで英語はあなたのものとなるのです。

「英語なんて苦手だから、もう学ばなくてもいいや……」と半分諦めていた人が、「ユダヤ式」で英語を学んでまったくの別人に変わっていっています。

「英語で話すことの恥ずかしさがなくなりました！」
「スリランカ人の友達に英語がうまくなったねと褒められました！」
「毎日の通勤時間も、英語の勉強ができると思うと楽しみに変わりました！」
「カナダに海外旅行で初めて1人で行って、ホテルでアフタヌーンティーの注文ができるようになりました！」
「日本語に翻訳せずに、取引先に英語でメールが書けるようになりました！」

これらは毎日のようにわたしの生徒さんから寄せられる声の一部です。

みなさん年齢は様々ですが、まるで休み明けの小学生のように、本当にうれしそうに近況報告をしてくれます。

そんなとき、「わたしも英語の勉強を続けて、英語を好きになって本当に良かったなぁ」と思います。「英語を学んで損することなんて一つもない！」ということを改めてお伝えいたします。

また、今回、「ユダヤ」とか「ユダヤ人」と聞いて、いろいろな印象があったかもしれませんが、今回の執筆を通じての彼らの声を一つ紹介させてください。

知人のユダヤ人にこの本の件でインタビューを申し込んだところ、「わたしたちの文化にそんなに興味を持ってくれてありがとう」と言っていたものの、自分たちが学んできた方法を「これがユダヤ式」といわれることにはじめは抵抗があったようです。

何度も「あくまで、これはわたし個人の勉強方法なんだけど」といったような前置きをしていました。ただ、いろいろ話を聞く中で「よく考えると、わたしがユダヤ人であることが語学に興味を持たせ、好きになるきっかけになったのは事実かも。今まで当たり前すぎて気にしたことなかったよ。本当にありがとう」という言葉を聞いて、この企画をなんとしても実現しようというモチベーションが湧きました。

今回の執筆では、途中「こんなこと言う資格はあるのか？」「もしかしたら最後まで書けないかも」という疑問と恐怖に何度も襲われました。

それでもインタビューなどを通して彼らのことを知れば知るほど、５０００年のユダヤの歴史に改めて敬意を抱き、「学ぶ民族」の奥深さ、偉大さに改めて気づくことができました。それが本書の執筆を後押ししてくれたことはいうまでもありません。

英語を勉強することが好きになれていない、習慣化することができていない方々が本書を読み、「もしかしたら、この方法ならいけるかもしれない」と、少しでも希望を感じていただけたなら筆者として本当にうれしく思います。そして、見事英語をモノにして、英語で「やりたかったこと」をぜひ叶《かな》えてください。海外旅行を楽しんだり、外国人の友達を作ったり、海外のボランティア活動に参加したり……。英語を使って、これからの人生をもっと楽しんでいただければと思います！

なお、本書の執筆に関しては本当に多くの方のお力をいただきました。遠くイスラエルに住む知人、タイェブさん。再三にわたりしつこく質問をしたにもかかわらず丁寧にお答えいただきありがとうございました。また主宰する加藤塾の生徒さんで執筆に関していろいろとアドバイスをくださった野呂さん、川上さんにも感謝したいと思います。本書の企画・編集にあたっては、サンマーク出版編集部のみなさん、そして何よりも熱い思いで担当していただいた梅田直希さんに大変お世話になりました。みなさんの忌憚《きたん》のない意見やアドバイスのおかげで無事に執筆できました。この場をお借りして、感謝の意を表したいと思います。

著者

〈参考文献〉

『英語は絶対、勉強するな！』（鄭讃容著、金淳鎬訳、サンマーク出版）
『世界の非ネイティブエリートがやっている英語勉強法』（斉藤淳著、中経出版）
『英語は「体」で勉強しなさい！』（安河内哲也著、中経出版）
『非ネイティブのためのグロービッシュ式らくらく英語勉強法』（関口雄一著、日本能率協会マネジメントセンター）
『ユダヤ人が教える正しい頭脳の鍛え方』（エラン・カッツ著、母袋夏生訳、角川書店）
『ユダヤ人の勉強法』（青木偉作著、中経出版）
『ユダヤ式学習法——わが子の学力がグングン伸びる』（坂本七郎著、大和出版）
『ユダヤ人の頭のなか』（アンドリュー・Ｊ・サター著、中村起子訳、インデックス・コミュニケーションズ）
『子どもが伸びるユダヤ式教育』（アシェル・ナイム著、河合一充訳、ミルトス）
『ユダヤ人の頭脳活性法』（手島佑郎著、ＰＨＰ研究所）
『The Wit & Wisdom of the Talmud: Proverbs, Sayings and Parables for the Ages（Square One Classics）』（edited by George J. Lankevich、Square One Publishers）

本文中の「TOEIC」「TOEFL」「VERSANT」は、それぞれ「TOEIC®テスト」「TOEFL®テスト」「Versant™ English Test」のことを指しています。また、各種試験情報ならびに書籍、アプリ、映画、ウェブサイトの情報は2016年4月現在のものを記載しています。

加藤直志　かとう　なおし

ユダヤ英語コーチ
動画を見ながらつぶやくだけで英語が話せるようになるオンライン英語塾「加藤塾」主宰。
17歳のときに「ユダヤ人のジョーク集」に出会い、ユダヤ人の処世術や考え方を本で読みあさるユダヤオタクとなる。高校卒業後、「ユダヤ人たちに英語が上達する術を学びたい」と思い立ち、アメリカの公立大学の中でもユダヤ人比率が高いニューヨーク州立大学に入学、多くのユダヤ人教授や学生とともに学ぶ。卒業後、経営コンサルティング会社勤務などを経て、大手学習塾と英会話スクールで8年以上英語講師として活動。その後独立して「加藤塾」を立ち上げ、英会話初心者でも短期間で英語が話せるようになる方法を伝えている。これまでおもにインターネットを通じて指導してきた生徒の数は1万8000人以上。実践的な英会話術と深い英語の知識両方を教えられる先生として生徒からの信頼が厚く、数多くの生徒をバイリンガルにしている。本書が初の著書となる。
加藤塾ホームページ
http://katoschool.com/

脳が勝手に記憶するユダヤ式英語勉強法

2016年4月20日　初版印刷
2016年4月30日　初版発行

著者　加藤直志
発行人　植木宣隆
発行所　株式会社 サンマーク出版
東京都新宿区高田馬場2-16-11
(電)03-5272-3166
印刷　中央精版印刷株式会社
製本　株式会社村上製本所

定価はカバー、帯に表示してあります。落丁、乱丁本はお取り替えいたします。

ISBN 978-4-7631-3540-7　C0030
ホームページ　http://www.sunmark.co.jp
携帯サイト　http://www.sunmark.jp